넥스트 레벨
기후위기와 에너지

◆ **글 곽지혜**

한국에너지기술연구원에서 20년째 에너지 기술을 연구하고 있어요.
신재생에너지연구소와 재생에너지연구소 소장을 거쳐 현재 태양광연구단 단장을 맡고 있답니다.
우리 삶의 질을 높이고 행복을 더할 수 있는 지속 가능한 혁신 기술 개발에 동료들과 함께 애쓰고 있어요.
국제에너지기구 위원회 활동도 하고 있어요. 에너지 문제는 전 지구적 협력이 필요하거든요.
대통령 직속 국가과학기술자문회의와 2050 탄소중립녹색성장위원회 민간위원으로도 활동해 왔어요.
3년여간 〈헤럴드경제〉 'IT과학칼럼'에 탄소중립에 관한 글도 썼지요.
기후위기 극복은 모두 함께해야만 가능해서 다양한 매체를 통해 소통하고 노력해 왔어요.
책은 처음이에요. 어린이 여러분이 희망이자 미래이기에 《넥스트 레벨》 시리즈에 동참하게 되었답니다.

◆ **글 최향숙**

역사와 문화, 철학 등 인문 분야에 관한 책 읽기와 재미있는 상상하기를 즐겨하다, 어린이 책을 기획하고
쓰기 시작했습니다. 아들을 키우면서 수학과 과학에 관심을 두기 시작했고, 아들이 영재학교에 진학하면서
덩달아 첨단 과학과 미래 사회에 흥미를 갖게 되었습니다. 그리고 10년 뒤, 50년 뒤, 300년 뒤의
사람과 사회를 공부하고 생각하다, 《넥스트 레벨》 시리즈를 기획하고 집필하게 되었습니다.
지금까지 기획하고 쓴 책으로는 《수수께끼보다 재미있는 100대 호기심》, 《우글와글 미생물을 찾아봐》,
《아침부터 저녁까지 과학은 바빠》, 《엉뚱하지만 과학입니다》 시리즈 등이 있습니다.

◆ **그림 젠틀멜로우**

우리 주변에서 흔히 볼 수 있는 자연과 사물에 감정을 담아서 생각을 그림으로 표현하는 작업을
해 오고 있습니다. 동화책뿐 아니라 전시, 패키지, 책 표지, 포스터, 삽화 등 다양한 분야에서 활동합니다.
지금까지 그린 책으로는 《Ah! Art Once》, 《Ah! Physics Electrons GO GO GO!》,
《열세 살 말 공부》, 《엉뚱하지만 과학입니다 7 나만 몰랐던 코딱지의 정체》, 《색 모으는 비비》,
국립제주박물관 어린이박물관 도록 《안녕, 제주!》 등이 있습니다.

넥스트 레벨 기후위기와 에너지

곽지혜·최항숙 글 | 젠틀멜로우 그림

이 책의 제목인 '넥스트 레벨'이 뭐냐고? '비교 불가능한,
이전보다 더 나은, 보다 발전한……' 이런 뜻이야! 한마디로 한수 위라는 거지!
이 책의 주인공인 '나'와 함께 3개의 Level을 Clear하고,
기후위기와 에너지 분야의 넥스트 레벨이 되어 보자!

Next Level

Level 3

현재의 에너지 사용과 기후위기는 어떤 관련이 있는지

환경

화석에너지 사용으로 인한 기후위기의 심각성을 알아보고, 기후위기 극복을 위한 노력과 방법을 살펴볼 거야.

기후위기가 심각해지는 상황에서 에너지 전환이 우리에게 어떤 영향을 미칠지

기후위기 극복과 에너지 전환을 촉구하는 시민단체들의 활동을 통해 에너지 전환이 가속화하고 있음을 살펴보고, 에너지 전환이 우리 경제와 기술, 사회에 끼칠 영향을 생각해 볼 거야.

미래

차례

이 책을 보는 법 ·· 4

프롤로그 완벽한 에너지를 찾고 있나요? ·································· 8

Level 1   인류와 에너지
에너지의 과거

다큐툰 **인간과 동물의 차이점은?** ·· 12

Check it up 1. 역사
에너지, 문명 탄생의 기반이 되다 ·· 20

Check it up 2. 기술
에너지를 전환하다 ·· 27

Check it up 3. 사회
새로운 에너지원을 찾다 ·· 36

Level 2   국제 사회와 에너지
에너지의 현재

다큐툰 **에너지는 힘이 세다!** ·· 44

Check it up 1. 경제
에너지는 경제야 ·· 52

Check it up 2. 시사
화석에너지, 계속 쓸 수 있을까? ·· 58

Check it up 3. 과학
원자력, 화석에너지를 대체할 수 있을까? ···························· 65

Level 3 기후위기와 에너지
에너지와 지구

다큐툰 **인도양 쌍극자 현상** ······ 78

Check it up 1. 기후
기상 이변, 기후변화 그리고? ······ 86

Check it up 2. 상식
대멸종은 막읍시다! ······ 96

Check it up 3. 국제
누구의 책임인가! ······ 102

Next Level 모두를 위한 에너지 전환
에너지의 미래

다큐툰 **기후 소송** ······ 110

Check it up 1. 시사
탄소배출권과 RE100 ······ 117

Check it up 2. 기술
에너지 전환 ······ 123

Check it up 3. 사회
기후위기와 에너지 전환이 바꿀 미래 ······ 136

Another Round **우리는 Next Level!** ······ 141

| 프롤로그 | **완벽한 에너지를 찾고 있나요?**

재생에너지는 자연에너지입니다.

해, 바람, 물처럼 자연이 주는 원료로

우리가 필요한 에너지를 만들어 쓰는 것이

재생에너지 기술입니다.

써도써도 다시 생겨나는 에너지라서 재생에너지예요.

2023년엔 처음으로 세계 전력수요의 30%를

재생에너지로 만든 전기로 공급했대요.

기후변화가 인류의 위기가 되었으니

자연에너지 사용이 늘어나는 건 당연합니다.

우리나라도 노력 중이긴 하지만

재생에너지로 9%밖에 전기를 만들지 못했어요.

"햇볕도 바람도 기술도 별로 없잖아."라고

혹시 잘못 알고 있진 않나요?

우리나라보다 일조량이 적은 일본이나 독일도

우리보다 훨씬 많은 전기를 햇빛에서 얻어요.

우리 기업들의 태양광·풍력 기술은
세계 방방곡곡에서 전기를 만들어 내고 있답니다.
재생에너지는 비싸다고요?
이미 많은 나라에선 태양광·풍력 발전이 가장 싼걸요!
날씨가 들쑥날쑥해서 쓰기 어렵다고요?
상당 부분은 기술로 극복할 수 있어요.
태양광과 풍력으로 전기를 많이 만들 수 있는 곳으로
산업과 일자리가 옮겨가고 있답니다.
세계가 온실가스 배출 없이 만든 물건을 원하거든요.

완벽한 에너지원은 없습니다.
단점은 극복하고 장점을 극대화하면서
지속 가능한 사회를 위해 노력해야 해요.
물론 그 중심에 재생에너지가 있어요.
이 책이 그 노력을 함께하는 밑거름이 되었으면 합니다.
미래는 만들어 가는 것이니까요.

인간이 동물과 다른 점은 무얼까?
여러 가지 답변이 있을 수 있겠지만
흔히 말하는 가장 중요한 차이점은 도구를 사용한다는 거야.
그런데 그거 알아?
도구 사용과 에너지 이용이 밀접한 관계가 있다는 거!
에너지를 이용하면서 인간으로 발전했고
그래서 문명을 일으키고 오늘날과 같은 사회로
나아갈 수 있었던 거야.
어떻게 그랬냐고?
이제부터 함께 차근차근 알아보자.

Level 1

인류와 에너지
에너지의 과거

나는 지금 에너지를 이용하고 있어!

인간과 동물의 차이점은?

> Check it up 1 　역사

에너지,
문명 탄생의 기반이 되다

인간이 동물로부터 벗어나기 시작한 건

==불의 발견== 덕분이라고들 해.

불의 발견은 인류 역사상 최고의 발견으로 꼽히기도 하지.

앞에서도 말했지만 불을 이용한다는 건

불이 내뿜는 열과 빛 에너지를 이용하는 거야.

인간은 불의 ==열에너지를 이용==해서 음식을 익혀 먹게 됐고

덕분에 뇌에 필요한 영양을 공급할 수 있었어.

음식을 조리하는 동안, 또 음식을 서로 나누어 먹으면서

풍성한 의사소통이 이뤄지고 사회적 관계도 돈독해졌지.

이는 생물학적으로는 뇌가 발달하는 원인이기도 했지만

역사적으로는 인류가 이야기하기 시작하면서

문화와 예술, 문명을 창조할 수 있는 기반이 됐어.

원시시대, 인간은 낮에는 바빴지만 밤에는 한가했어.

낮에는 사냥도 하고, 채집도 해야 했지만

깜깜한 어둠 속에서는 아무것도 할 수 없었으니까.

그런데 불의 **빛에너지**로 밤을 밝힐 수 있었어.

인간은 불빛 앞에서 **더 풍부한 사회적 관계를 형성**할 수 있었지.

왜냐고?

원시인들이 불빛 앞에서 뭘 했겠어?

낮에 창을 날려 매머드를 쓰러뜨린 사람을 칭찬하고

매머드에 밟혀 죽을 뻔한 동료를 구한 사람을 치켜세웠을 거야.

사냥을 나갔다가 맹수에게 목숨을 잃은 동료나

열매를 따다 독사에게 물려 죽은 동료에 대해 **이야기**하며

죽은 동료를 애도하고 그들은 어떻게 될지 **상상하기**도 했을 거고.

비는 왜 오는지, 별은 왜 반짝이는지 등

자연 현상에 대한 궁금증도 늘어놓았겠지.

그 가운데 그럴싸한 이야기들은
입에서 입으로 전해졌지.
영웅과 사후 세계, 천지 창조와 자연 현상에 대한
==이야기들은 그렇게 탄생==했어.
사람들은 그 이야기를 바위에 그려 넣고, 춤을 추었어.
또 죽은 이의 장례를 치르고 뭔가를 추앙하는 의식을 행했지.
==불빛 덕분에 인류 최초의 문화와 예술이 탄생==한 거야.

ⓒ Wikimedia

선사 시대 사람들이 남긴 예술
오스트레일리아 원주민인 애버리지니는 약 4만 년 전부터 바위에 그림을 그렸어. 대표적인 그림이 〈번개맨〉이지. 애버리지니는 번개맨이 번개와 비를 다스린다고 믿었어.

사람들은 에너지를 이용해 많은 것을 발명하기도 했어.

대표적인 것이 '토기'와 '벽돌'이야.
둘 다 흙을 빚어 햇빛에 말린 다음 불에 구워서 만들어.
태양과 불이 뿜어내는 빛과 열 에너지를 이용한 거지.

ⓒ Wikimedia

신석기 시대 사람들의 대표적인 발명품
신석기 시대 사람들이 남긴 빗살무늬 토기(좌)와 벽돌(우)은 에너지를 이용해 만든 대표적인 발명품이라고 할 수 있어. 처음에는 햇볕을 주로 이용했어. 빚은 토기와 벽돌을 태양 아래 두고 말려서 사용한 거야. 하지만 나중에는 불에 구웠지. 그러면 토기와 벽돌이 충격과 습기에 강해진다는 걸 발견했거든.

더 나아가 사람들은 불을 피워 발생시킨 열에너지로
구리와 주석, 철과 같은 금속을 녹여
==무기==와 ==장신구==도 만들기 시작했어.
이로써 우리가 흔히 말하는 **청동기 문화**,
==철기 문화를 형성==할 수 있었지.

ⓒ Wikimedia

열에너지를 이용해 만든 청동기와 철기
인류의 역사는 석기 시대를 거쳐 청동기, 철기 시대로 발전했어.
청동이나 철 같은 금속을 제련할 수 있었던 것은
강력한 열에너지를 이용할 수 있었기 때문이야.

그 옛날에 저렇게 정교한 도구를 만들었다고?

또한 사람들은 에너지를 좀 더 잘 이용할 방법을 궁리했어.

예를 들어 무거운 것을 옮길 때는

빗면을 만들거나 통나무를 밑에 대어 옮겼어.

그러다 바퀴를 발명했지.

또 바퀴에 사람이 타거나 짐을 실을 수 있는 공간을 얹었어.

수레를 발명한 거야.

무거운 물건을 들어올리기 쉽도록 도르래도 고안했어.

바퀴와 수레, 도르래와 같은 발명품 덕에

사람들은 더 적은 가축과 더 적은 노예로

더 많은 물건과 더 무거운 물건을 쉽게 옮길 수 있었어.

에너지의 효율성을 높인 거야!

ⓒ Wikimedia

에너지의 효율을 높이기 위해 만든 발명품
왼쪽은 이집트 벽화에 그려진 전차야. 말이 끄는 수레를 전쟁에 이용한 게 전차지.
소나 말이 끄는 수레는 오른쪽 사진처럼 사람과 짐을 실어 나르는 데 이용했어. 이를 우마차라고 해.
수레는 다양한 형태로 오늘날에도 사용하지.

사람들은 이처럼 에너지를 이용해 만든 발명품들을 사용하고
그것들을 효율적으로 혹은 장식적으로 이용해
집을 짓고, 신전을 짓고, 성을 쌓았어.
그리고 무기를 이용해 주변을 정복하고 자신들이 사는 곳을 지켰지.
==최초의 도시와 문명==은 이처럼
==에너지를 이용해 만든 발명품들과 함께 탄생==한 거야.

ⓒ Wikimedia

인류가 이룩한 최초의 문명
최초의 문명이 탄생한 곳은 메소포타미아 지방이었어.
메소포타미아의 도시에는 그 도시의 주신을 모시는 신전인
지구라트가 있었지. 지구라트는 대개
빛과 열에너지로 말리고 구운 벽돌로 지어졌어.
또 빛과 열 에너지를 이용해 만든 발명품과 장신구로
꾸며졌지.

문명은 인간이 에너지를
적극적으로 이용하면서
탄생했다고 볼 수도 있겠는걸!

Check it up 2 　기술

에너지를 전환하다

사람들이 불을 피워 얻은 열과 빛 에너지만 이용한 건 아니야.

태양에너지도 이용했어.

햇빛을 이용해 육포와 같은 식량을 만들거나

점토판이나 굽지 않은 토기, 벽돌을 만든 것처럼!

또 동물이나 인간 자체의 힘도 에너지로 이용했지.

소나 말을 이용해 짐을 나르고

인간을 노예로 부려서 피라미드를 지었잖아?

사람은 이처럼 다양한 에너지를 이용했어.

선사 시대부터 고대, 인류가 사용한 대표적인 에너지원과 에너지

또 사람들은 하나의 에너지를 다른 형태의 에너지로
에너지를 전환해 이용하기도 했어.

대표적인 게 물레방아야.
모든 물체는 그 위치로 인해 에너지를 얻어.
중력이 그 물체를 잡아당기기 때문이지.
이 에너지를 '**위치에너지**'라고 하는데,
사람들은 물의 위치에너지를 운동에너지로 전환해 이용했어.

물레방아의 에너지 전환

홈통에서 물이 떨어지면 물의 위치에너지로 물레바퀴가 돌아가.
물의 위치에너지가 물레방아의 운동에너지로 전환하는 거지.
그에 따라 방아굴대도 돌아가며 방아채를 움직여서, 공이가 위아래로 움직이며
방아를 찧어. 물레방아의 운동에너지가 방아굴대와 방아채의 운동에너지로,
그리고 다시 공이의 운동에너지로 바뀌면서 곡식을 찧는 거야.

물리적으로 에너지를 전환해 사용하는 건 쉬운 일이 아니야.

에너지를 전환할 때는 에너지의 손실이 생기기 때문이지.

이 손실을 막으려면 엄청난 과학적, 기술적 노력이 필요해.

그런데 **고대나 중세 사회에서는**

에너지를 전환해 이용하려는 노력을 별로 하지 않았어.

인간을 노예처럼 부릴 수 있어서

노예나 농노들에게 방아를 찧게 하는 게 훨씬 편했기 때문이야.

하지만 14세기 흑사병이 유행하면서 상황이 달라졌어.
흑사병으로 수많은 사람이 죽어, 노예처럼 부릴 농노가 부족했어.
유럽 인구의 1/3이 사라졌다고 할 정도였어.

15세기 들어서서 르네상스 시대가 열렸어.
르네상스는 '문예 부흥'이란 뜻인데
르네상스 시대는 고대 그리스와 로마의 문화가 다시 유행하면서
미켈란젤로나 다빈치와 같은 위대한 예술가들이 활동했던 시기야.
그런데 이때 고대 그리스·로마 문화만 부흥한 게 아니라
고대 그리스·로마의 수학과 과학, 철학 등
학문에 대한 관심도 높아졌어.

고대 그리스·로마의 수학과 과학, 철학은
자연과 자연 현상에 대한 탐구에 기초하고 있었어.
사람들은 자연과 자연 현상에 대해 관심을 두기 시작했고.
이는 당연히 수학과 과학의 발전으로 이어졌지.
그리고 16~18세기에 꽃을 피웠어.
과학혁명이라고 불릴 만큼 엄청난 과학적 진보가 이루어진 거야.

갈릴레이, 뉴턴, 라부아지에와 같은 과학자들이
물체의 운동에 관한 힘과 운동의 법칙을 찾아내고
그 안에서 어떤 반응들이 일어나는지를 밝혀냈어.
이 법칙과 이론들은 에너지를 효율적으로 전환할 수 있는
과학적, 이론적 바탕이 되었지.

그렇게 등장한 대표적인 발명품이 바로 '증기 기관'이야.
증기 기관은 수증기가 내뿜는 '열에너지'를 '운동에너지'로 바꾸거든.

사실 증기 기관은 고대에도 있었어. 대표적인 게 고대 그리스 발명가 헤론의 '아에올리스 공'이야. 수조 속 물이 끓으면 수증기로 변하며 팽창해. 팽창한 수증기는 위쪽 공에 연결한 파이프를 통해 뿜어져 나오는데 그 힘으로 공을 운동하게 한 거야.

헤론의 아에올리스 공

헤론은 이 원리로 스스로 열리는 신전의 문도 만들었어. 하지만 거기까지였어. 효율이 너무 낮았거든.

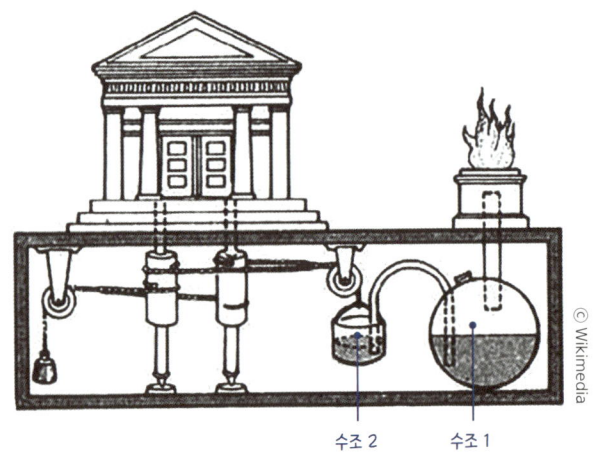

헤론의 자동문
수조 1의 물이 끓으면 수증기로 변해. 이 수증기가 팽창하면서 수조 속 물에 압력을 가하면 수조 1의 물이 수조 2로 이동하고 수조 2가 무거워지면서 끈을 잡아당겨 문이 열려.

하지만 과학혁명이 한창이던 1712년,

==토머스 뉴커먼==(1663~1729)이 개발한 증기 기관은 달랐어.

철물상이었던 그는 철을 팔기 위해 수많은 광산을 돌아다녔는데

당시 광산에는 오랫동안 해결하지 못한 문제가 있었어.

사람들은 수천 년 전부터 광산에서 여러 광물을 채굴했어.

그러다 보면 땅을 깊게 파고 들어가야 하는데

지하수가 고여서 땅이 무너지기 일쑤였지.

수천 년 묵은 문제였지만 사람 손으로 퍼내는 수밖에 없었어.

하지만 뉴커먼이 살던 시대는

==온도와 부피의 관계, 대기압의 존재 등과 같은==

==과학적 지식==과

==복잡한 기계를 설계할 수 있는==

==수학적 지식 및 기술==이 발달해 있었어.

뉴커먼은 이를 바탕으로 증기 기관을 만든 거야.

증기 기관의 수요는 폭발적이었어.

손으로 퍼내는 것보다 훨씬 많은 물을 퍼낼 수 있었으니까.

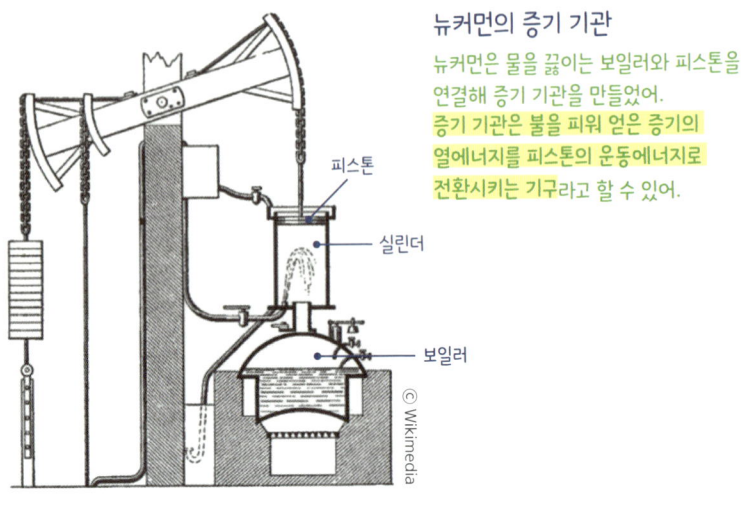

뉴커먼의 증기 기관

뉴커먼은 물을 끓이는 보일러와 피스톤을 연결해 증기 기관을 만들었어. 증기 기관은 불을 피워 얻은 증기의 열에너지를 피스톤의 운동에너지로 전환시키는 기구라고 할 수 있어.

제임스 와트(1736~1819)는 뉴커먼의 증기 기관을 한층 발전시켰어.

뉴커먼의 증기 기관의 문제점은

실린더 속 증기를 식히는 물을 분사할 때

실린더 역시 차가워져 효율이 낮아지는 것이었어.

와트는 응축기를 달아 이 문제를 해결했어.

덕분에 증기 기관은 나날이 발전해서

광산뿐만 아니라 공장으로 퍼져 나갔어.

이로써 이전보다 훨씬 많은 것들을 빠르게 생산해 낼 수 있게 됐어.

산업혁명이 일어난 거야.

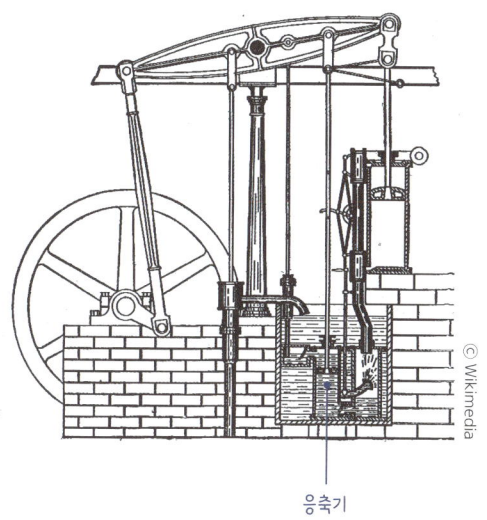

와트의 증기 기관

와트는 응축기를 따로 두어, 응축기에서만 수증기를 식히고 실린더는 차가워지지 않게 해서 에너지 효율을 높였어. 또한 수증기가 빠져나가지 않도록 증기 기관을 정밀하게 설계하고 제작했어. 더 나아가 실린더에 뚜껑을 달아 증기의 팽창과 수축으로만 피스톤 운동을 하는 증기 기관을 개발하고, 피스톤의 상하 운동을 회전 운동으로 바꿀 수 있도록 하는 등 증기 기관을 개량했어.

응축기

증기 기관은 교통에도 혁명을 일으켰지.

기차와 같은 새로운 교통수단이 탄생하고, 증기선이 바다를 누볐어.

이로써 교역은 더욱 늘어나고 생산을 더욱더 부추겼어.

농업 중심의 사회에서 상공업 중심의 사회로 변화한 거야.

에너지를 효율적으로 전환하는 기술이 오늘날과 같은 사회로 발전하는 동력이 되었네!

> Check it up 3 사회

새로운 에너지원을 찾다

인간은 불을 피워, 그 불의 빛과 열 에너지를 이용하면서 동물과 다른 존재가 되고 더 나아가 문명을 일으켰어.
또 불을 피워 증기 기관을 돌렸지.
그런데 이 불을 얻으려면 뭔가를 태워야 해.
아주 오랫동안 그 뭔가는 바로 '나무'였어.
나무는 불에 잘 타는데다 구하기도 쉬웠으니까.

그런데 도시에서는 종종 문제가 생겼어.
사람들은 도시 주변에서 나무를 베어다 썼지.
그러다 보니 도시 주변의 숲이 황폐해졌어.

숲이 사라지면 가뭄이나 홍수에 취약해진다는 문제도 있지만

피부로 느낄 수 있는 문제가 바로 생겨.

아주 먼 곳까지 가서 나무를 해 와야 한다는 거야.

먼 데까지 가서 나무를 해 오려면 그만큼 시간이 많이 들잖아?

또 먼 데를 오가면서 예기치 않은 위험에 처할 수도 있어.

직접 나무를 해 오지 않으려면 돈을 주고 땔감을 사야 했어.

숲이 멀수록 땔감의 값은 비싸졌지.

15세기 이후, 인구가 늘어나고 상업이 발달하면서

==나무 부족 문제==로 골머리를 앓는 곳은 점점 늘어났어.

사실 사람들은 나무를 대체할 수 있는 에너지원을 알고 있었어.

불이 붙는 까만 돌이 있다는 걸 알았거든.

바로 ==석탄==이었지.

중국에서는 4세기 이후부터 석탄을 사용했다고 해.

우리나라 기록에도 《삼국사기》,《고려사》 등에

석탄에 대한 이야기가 나오는 걸 보면

우리나라에서도 석탄을 사용했던 것 같아.

고려 시대에 쓰였던 석탄
2009년, 태안 앞바다에서 인양한 고려 시대 배에서 13세기 고려 대장군 김순영에게 전할 청자, 곡식 등의 유물과 함께 석탄 50kg가량을 발견했어.

유럽에서도 나무 부족 현상이 심각해지면서
나무보다 화력이 좋은 석탄을 사용하려 했어.
하지만 석탄 사용은 쉽지 않았어.

석탄을 태우면 일산화탄소와 같은 유해물질이 발생해.
그래서 집안에서 난방이나 조리하는 용도로 사용하기엔
위험성이 있었어.
일산화탄소와 같은 기체는 색도 냄새도 없는데
많이 마시면 목숨까지 잃을 수 있거든.
게다가 석탄은 땅속에 묻혀 있잖아?
이걸 캐다가 써야 하는데,
땅속으로 들어가 석탄을 캐는 건 힘들고 위험한 일이었지.

그런데 **증기 기관의 발명으로 석탄 채굴이 쉬워**졌어.

게다가 증기 기관을 가동시키는 원료로

나무보다는 화력이 센 석탄이 훨씬 좋았지!

그래서 증기 기관을 석탄 채굴에 이용하고

그렇게 채굴한 석탄을 다시 증기 기관을 돌리는 데 썼어.

증기 기관과 석탄은 그렇게 서로의 소용을 부채질했어.

이런 증기 기관은 철과 같은 또 다른 광물을 캐는 데도 쓰였지.

석탄은 석탄뿐만 아니라

다른 광물 채굴에도 꼭 필요한 자원이었던 거야.

이로써 석탄의 중요성은 더욱 커졌어.

게다가 산업혁명으로 **에너지 소비가 폭발적으로 증가**했어.

산업혁명 이전까지

불은 각 가정에서 식사를 준비하고 난방을 하는 데 주로 사용했어.

필요한 물품은 거의 스스로 만들어 썼고.

옷감을 짜 옷을 만들어 입고, 나무를 깎아 가구를 만드는 식이었지.

이동할 때는 걸어서 가거나 말이나 마차를 탔어.

하지만 **산업혁명 이후 모든 게 달라졌어.**

스스로 만들어 쓰던 많은 것을 사서 쓰게 됐어.

연필, 시계, 안경 등 이전에는 쓰지 않던 많은 물품도 생겨났어.

이에 따라 생각지도 못한 수많은 공장이 들어섰고

이동할 때는 새로운 교통수단인 기차와 증기선을 이용했지.

이제 불은 가정에서뿐만 아니라,

광산에서, 공장에서, 또 길이나 바다에서도 필요해졌어.

석탄의 수요는 폭발적으로 증가할 수밖에 없었어!

18~19세기, 영국의 석탄 생산량 변화

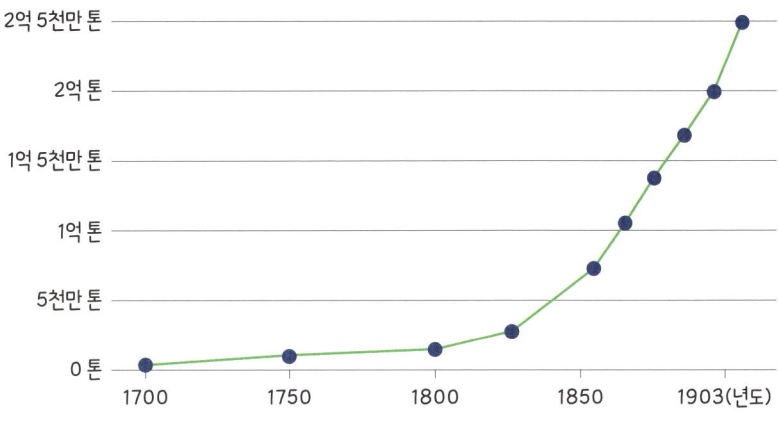

출처: Ourworldindata

산업혁명을 이끌었던 영국의 석탄 생산량을 보면, 19세기 석탄 수요가 얼마나 폭발적으로 증가했는지 알 수 있어. 18세기에는 거의 쓰지 않던 석탄을 1800년, 약 1천만 톤가량 생산했고, 1900년쯤에는 2억 5천만 톤으로 생산량이 늘어났어. 100년 동안 25배 증가한 거야.
당시 전 세계의 석탄 생산량 데이터가 남아 있지 않아 정확한 통계는 알 수 없지만, 1900년쯤 적어도 5억 톤 이상의 석탄을 생산했을 걸로 보고 있어. 당시 미국, 독일, 러시아 등의 나라에서도 급속도로 산업이 발달하고 있었으니까.

에너지 전환에 관한 과학과 기술의 발전은
증기 기관의 발명을 이끌었고, 증기 기관의 발명은
가장 널리 쓰이던 에너지원을 나무에서 석탄으로 대체했어.
19세기에 들어서며 에너지 수요는 더욱 증가했지.
전기에 관한 발견과 발명이 이루어지면서
더 많은 에너지를 사용하게 되었거든.
또 가솔린 기관, 디젤 기관 등을 개발하면서
석유가 중요한 에너지원으로 떠올랐어.
화석연료가 주요 에너지원으로 완전히 자리 잡았지.
화석연료의 등장은 세계 질서도 재편했어.
화석연료를 가진 나라가 국제 사회를
좌지우지하는 시대가 된 거야.

Level 2

국제 사회와 에너지
에너지의 현재

에너지는 힘이 세다!

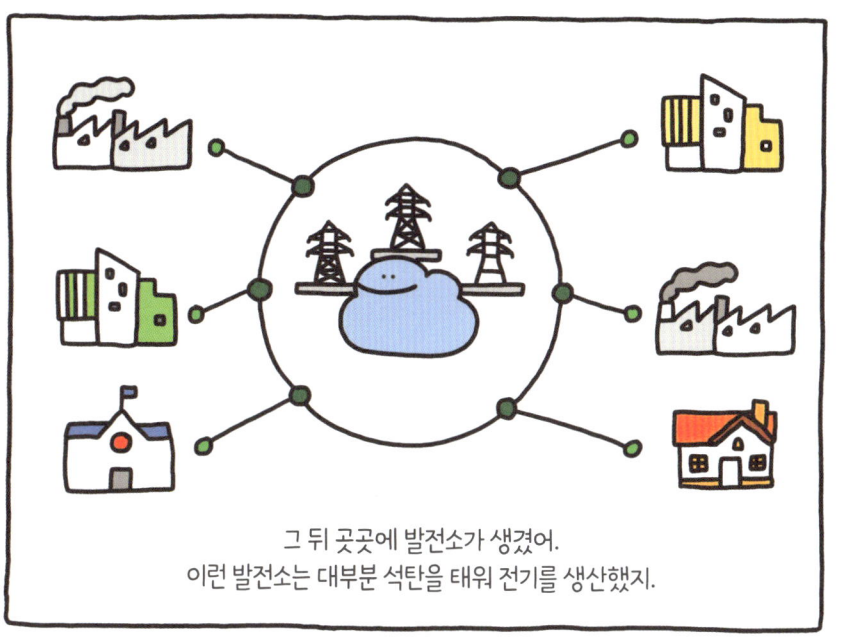

그리고 19세기 말, 자동차를 발명했는데 자동차에도 가솔린 기관을 썼어.
가솔린은 석유를 정제해 만든 기름으로
오늘날에도 대부분의 승용차에 넣어.

> Check it up 1 　경제

에너지는 경제야

영국은 석탄 자원이 풍부한 편이었어.

그 덕에 증기 기관의 에너지원을

나무에서 석탄으로 전환하기 쉬웠을 거야.

그 뒤 산업혁명은 유럽으로, 아메리카 대륙으로 퍼졌는데

영국의 뒤를 이어 산업화를 이룬 프랑스와 독일, 미국 등에도

석탄이 풍부한 편이었어.

덕분에 이 나라들도 엄청난 산업 발전을 이룰 수 있었던 거야.

==석탄이 산업의 발전을 이끈 거지.==

그런데 ==20세기 들어오면서 석유가 새로운 에너지원으로 각광==받기

시작했어.

1890년, 화석에너지 중 석탄 소비 비율은 96.93%였지만,
20세기 중반부터 석유 사용량이 폭발적으로 증가해서
석유가 석탄보다 더 많이 쓰이기 시작했어.

세계 화석연료 소비

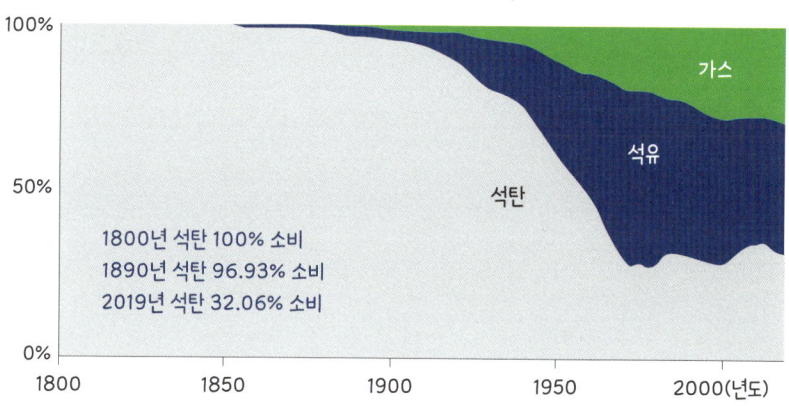

출처: 세계에너지통계리뷰(BP, 2020년), 에너지 전환-세계 및 국가 전망(Smil, 2017년)

그런데 석탄에 비해 석유는 생산 지역이 한정적이야.
최근 남아메리카 베네수엘라는
큰 유전을 발견해서 최대 산유국이 되었지만,
아무래도 석유 생산의 최대 비중은
사우디아라비아, 쿠웨이트와 같은 중동 지역에 있어.

세계 원유 매장량

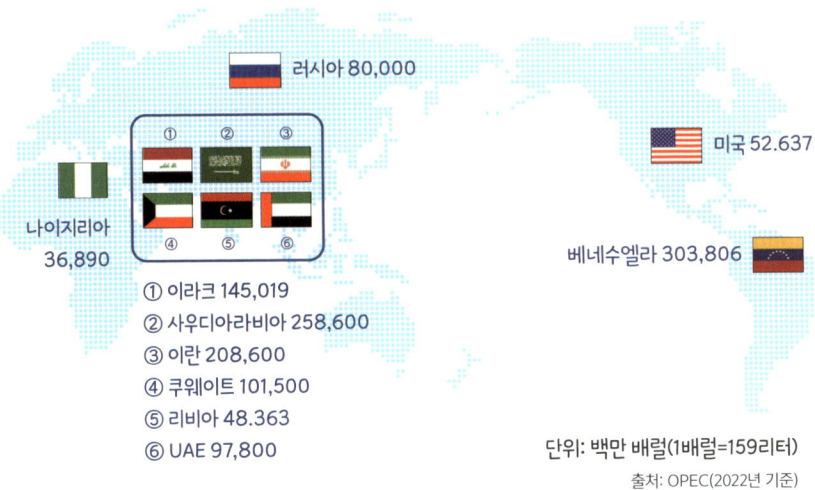

단위: 백만 배럴(1배럴=159리터)
출처: OPEC(2022년 기준)

중동 지역의 산유국들은 2차 세계 대전 이전까지 대부분 영국, 프랑스 등 서방 세계의 식민지였거나 영향권에 있었어. 하지만 2차 세계 대전 이후 독립했고, 석유가 주요한 에너지원으로 자리 잡자 국제적으로 위상이 높아졌지.
산유국들은 자국의 이익을 극대화하기 위해 1960년에 **석유수출국기구** OPEC라는 국제기구도 만들었어.
이들이 **세계 경제에 끼치는 영향**은 어마어마했어.
대표적인 예가 1970년대에 일어났던 **오일 쇼크**야.
1973년, 중동 국가들과 이스라엘이 전쟁을 벌이자

미국과 유럽의 여러 나라가 이스라엘을 도왔어.

그러자 OPEC은 석유 생산량을 줄이기로 결정했어.

그 결과 3개월 만에 국제 유가가 4배 폭등했어.

주유소 기름 값이 4배가 올랐다고 생각해 봐!

석유를 원료로 전기를 생산했다면

같은 양의 전기를 생산하는 데도 비용이 4배가 들겠지?

하루아침에 교통비, 전기 요금이 4배로 뛰면 집안 살림이 괜찮겠어?

그런데 석유를 가정에서만 쓰나?

공장을 가동하려면 전기가 필요하고

공장에서 물품을 생산하려면 재료와 상품을 운송해야 하잖아.

전기 요금이 오르고 주유소의 기름 값이 상승하면

당연히 상품 가격도 상승할 수밖에 없어.

전기료, 운송료, 상품의 가격이 줄줄이 오르는 거야.

한마디로 물가가 상승하는 거지.

물가가 상승하면 소비가 줄어. 비싸니까 안 사는 거지.

물건이 팔리지 않으면 기업들은 생산을 줄일 수밖에 없어.

그리고 생산을 줄이면 생산을 담당하는 노동자도 줄어들게 돼.

고용이 불안해지고 실직자가 늘어나는 거야.

그러면 소비는 더욱 줄고 생산도 또 줄어들고…… 악순환이 계속돼.

경제 침체가 일어나는 거지.

| 유가 상승 | 물가 상승 | 소비 위축 | 생산 위축 | 실업 증가 | 경제 침체 |

경제 침체의 악순환

유가 상승에 따른 이런 경기 침체가 대부분의 나라에서 일어났어.
전 세계의 경제가 침체했던 거야.
이 사건을 계기로 OPEC과 산유국들은
자신들의 힘, 아니 에너지의 힘이 얼마나 센지 확실히 알게 되었어.
전 세계는 에너지가 한 나라의 경제는 물론
더 나아가 전 세계 경제를 좌지우지할 수 있다는 걸 확인했지.
석유가 무기가 될 수 있음을 깨달은 거야.

화석연료 가운데 천연가스의 비중도 늘어나고 있는데
천연가스 역시 석유만큼이나 엄청난 위력을 발휘하고 있어.
최근에 일어난 러시아-우크라이나 전쟁이 대표적인 예야.
미국과 유럽연합은 우크라이나를 지원하고 러시아를 제재했어.

그러자 러시아는 천연가스 공급 중단으로 유럽연합을 압박했어.

유럽은 천연가스 40% 정도를 러시아에서 수입하고 있었거든.

유럽의 천연가스 가격은 1년 새 10배 이상 급등했고

이로 인해 유럽 경제는 큰 타격을 받았지.

에너지가 경제에 미친 영향이 얼마나 큰지 바로 알 수 있지?

산업혁명 이후 인류 문명은

화석연료와 함께 만들어져 왔다고 해도 틀린 말이 아니야.

화석에너지 소비와 함께 경제가 성장한 셈이지.

세계 인구 8배 증가

1800년 9.9억 명 ➡ 2020년 78억 명

세계 GDP 120배 증가

1820년 0.7조 미국달러 ➡ 2018년 86조 미국달러

세계 1차에너지 30배 증가

1800년 5,653테라와트시 ➡ 2019년 173,340테라와트시

지난 200여년 간 화석에너지 소비와 함께한 인구 증가와 경제 성장

출처: 한국에너지기술연구원(KIER)

> Check it up 2 시사

화석에너지, 계속 쓸 수 있을까?

현재의 소비 수준을 기준으로 2020년에 전망한

석유, 천연가스, 석탄의 가채 연수(어떤 자원을 캐낼 수 있다고 예상하는 연수)는

각각 57년, 49년, 139년이야.

그런데 1980년에 전망한 석유와 천연가스의

가채 연수는 각각 30년, 50년이었대.

화석에너지 가채 연수

석유 57년   천연가스 49년   석탄 139년

출처: 세계에너지통계리뷰(Energy Institute; EI, 2020년 기준)

맞아! <mark>가채 연수는 바뀔 수 있어</mark>.

1980년대엔 지금쯤 석유와 천연가스는 바닥날 걸로 예측했지만, 아직도 생산 중이지. <mark>기술 발달 덕분이야</mark>.

탐사 기술의 발달로 예전에는 몰랐던 매장지를 발견하고 시추 기술의 발달로 불가능했던 채굴이 가능해졌거든.

대표적인 게 셰일가스Shale gas지.

셰일층shale formation이라는 퇴적암층에 갇혀 있는 천연가스야.

시추 기술의 개발로 셰일층에서 셰일가스를 추출할 수 있게 됐고 셰일가스는 엄청난 에너지원으로 급부상했어.

또 자원의 이용 기술도 발달해서 예전보다 적은 석유를 이용해 더 많은 전기와 물품을 생산할 수 있게 됐지.

덕분에 1980년대보다 2020년에 오히려 가채 연수가 늘어난 거야.

그런데 기술이 발전한다고 화석에너지를 계속해서 쓸 수 있을까?

석탄, 석유, 천연가스는 동식물이 죽어 땅에 묻혀 만들어졌어.

죽은 동식물의 잔해 위로 흙이 쌓이며 높은 열과 압력이 작용했지.

그 열과 압력으로 식물의 사채는 석탄으로,

동물의 사체는 석유와 천연가스로 변한 거야.

이런 변화는 몇 천만 년, 아니 몇 억 년이 걸려 이루어졌어.

그런데 지구 공간은 한정적이니 화석에너지도 유한할 수밖에 없어.

게다가 앞으로 에너지 소비는 증가할 걸로 보여.

미국에너지정보관리국EIA은

2050년까지 전 세계 에너지 사용량이

2020년 대비 거의 50% 증가할 걸로 내다봤어.

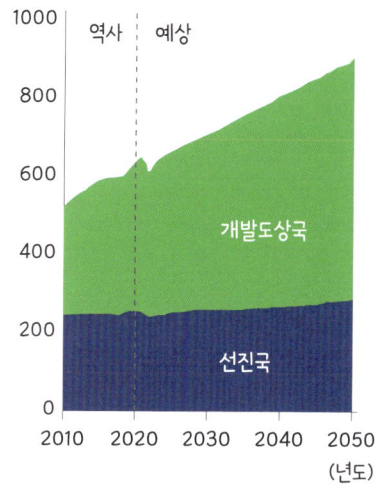
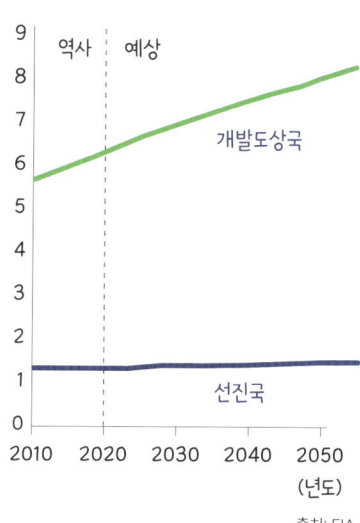

출처: EIA

새로운 산업이 생겨나서 에너지 소비가 증가할 수도 있어.

IT산업이 대표적이야.

공장이나 운송도 필요 없어서 에너지를 적게 쓰지 않냐고?

정보통신과 전산 관련 장비를 모아 둔 서버실은

항상 일정한 온도와 습도를 유지해야 하는데

이를 대규모로 확장한 '데이터센터'는

'전기 먹는 하마'라고 불릴 만큼 전력 소모량이 커.

인공지능AI의 빠른 발전도 데이터센터의 전력 소모량을 높여.

현재 AI가 차지하는 전력 사용량 비중은 2%에 불과하지만

2025년에는 10%를 차지할 것으로 보고 있어.

신산업과 신기술이 ==에너지 소비를 더 부채질==할 수도 있다는 거지.

게다가 화석에너지는 더 큰 문제를 안고 있어.

바로 ==환경 오염과 기후변화==지.

석탄은 타면서 온실가스인 이산화탄소를 배출하고

연소 후 남는 석탄재는 비산 먼지로 대기를 오염시켜.

이런 미세먼지는 우리의 건강을 위협하기도 하지.

오염물질들이 저수지나 지하로 흘러 들어

물과 토양까지 더럽히는 거야.

석유는 원유 굴착 과정에서부터 토양과 수면에

기름 유출을 일으켜서 환경을 오염시키는 일이 많아.

엄청난 환경 참사를 일으키기도 하지.

대표적인 사건이 2010년 4월,

==미국 멕시코만에서 일어난 원유 유출 사고==야.

영국의 국제석유회사인 BP^{British Petroleum}관할 시추 지역에서

석유 시추선 '딥워터호라이즌'이 폭발했는데

그 여파로 시추선이 침몰하고,

시추관 파손으로 저장 중인 막대한 원유가 새어 나왔어.
9월에야 사고가 난 유정(원유를 끌어올리기 위해 뚫은 시추공)을 밀봉해서 추가 원유 유출을 끝낼 수 있었지.
약 5개월 동안 바다로 원유가 흘러 들어간 거야.
이때 약 1억 7천만 갤런의 원유로, 한반도 면적을 넘는 기름띠가 멕시코만을 뒤덮었다고 해.

ⓒ nbc뉴스
딥워터호라이즌 폭발 사고

가스 발전은 석탄 발전보다 이산화탄소 배출량이 50%나 적어서 천연가스가 친환경적이라고 생각하는 사람들도 있어.
문제는 천연가스가 공급망 전체에서 새고 있다는 거야.
천연가스는 수십만 마일의 파이프 라인을 통해 옮겨지는데 전 과정에서 누출이 일어난다고 해.

그런데 천연가스의 주성분인 메탄도 온실가스야.
메탄이 연소하지 않고 공기 중으로 새어나가면
이산화탄소보다 70~80배 강한 영향을 미치지.
그런데 매년 전 세계 천연가스 생산량의
약 2% 가량에 해당하는 메탄이 새어 나가고 있대.

천연가스의 생산·소비 단계별 메탄 누출 비중

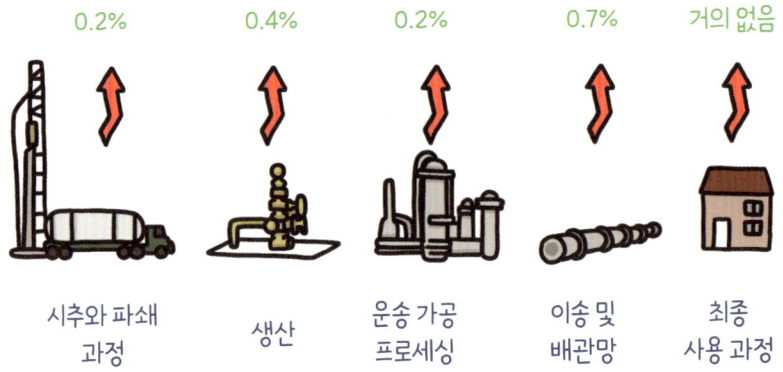

출처: 미국환경보호청(EPA)

이처럼 화석에너지는 유한한데다 심각한 환경 문제를 일으켜.
이런 에너지를 지속적으로 사용할 수 있을까?
아니 이런 에너지를 계속 사용해야 할까?

Check it up 3 | 과학

원자력, 화석에너지를 대체할 수 있을까?

석유 소비를 OPEC에 의존하던 대부분의 나라는
오일 쇼크를 겪으면서 무슨 생각을 했을까?
에너지 절약을 강조한 건 말할 것도 없지만
무엇보다 OPEC 석유 의존도를 줄이려고 했어.
시베리아, 알래스카, 북해, 멕시코만 등에서
새로운 유전을 개발하려고 했지.
석유 대신 천연가스를 본격적으로 이용하려는 움직임도 있었고
다시 석탄으로 전기를 생산하는 발전소가 늘어나기도 했어.
그리고 새로운 에너지로 **전환하려는 움직임**도 생겨났지.
그 중심에 '**원자력**'이 있었어.

원자력 발전은 우라늄, 플루토늄과 같은 원소의
핵분열 반응을 이용해.

핵분열의 원리

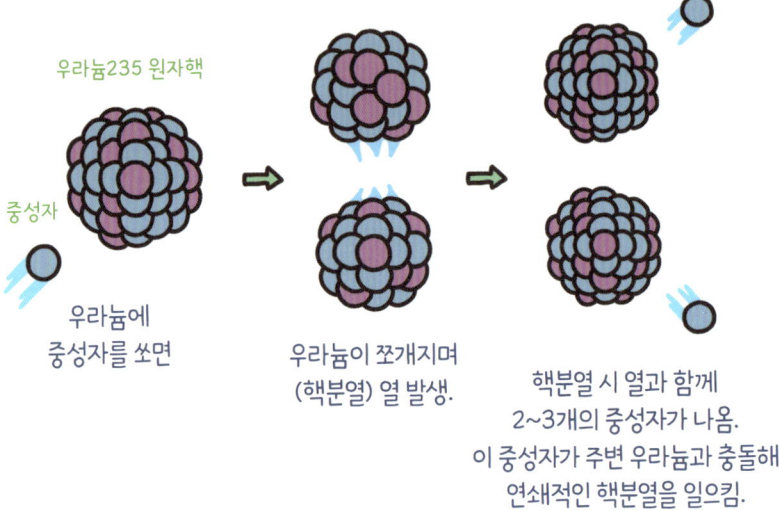

핵분열로 연쇄 반응이 일어나면
원자로의 연료봉이 섭씨 2,000도 이상으로 올라가면서
엄청난 열이 발생하는데 그 열로 물을 데워 증기를 만들고
이 증기가 터빈을 돌려 전기를 생산하는 거지.
원자력발전소는 1950년대부터 짓기 시작했는데
오일 쇼크 이후 10여 년 동안 특히 많이 건설했어.

2020년 기준, 전 세계 가동 원전 40%가 이때 지어졌을 정도야.
원자력 발전에 앞장선 나라 가운데 하나는 프랑스야.
현재 프랑스는 56개의 원자로를 운영하고 있는데
미국 다음으로 많아. 미국은 93개의 원자로를 운영하거든.
원자력으로 만들어 내는 전기의 양도 미국 다음으로 많은데
전력 생산에서 원자력이 차지하는 비중을 따지면 미국을 앞서.
프랑스는 국가 전력 70% 정도를 원자력으로 생산하거든.

나라별 전력 생산량 중 원자력 발전 비중

순위	국가	비중	순위	국가	비중
1위	프랑스	70.6%	11위	스위스	32.9%
2위	슬로바키아	53.1%	12위	스웨덴	29.8%
3위	우크라이나	51.2%	13위	대한민국	29.6%
4위	헝가리	48.0%	14위	스페인	22.2%
5위	불가리아	40.8%	15위	러시아	20.6%
6위	벨기에	39.1%	16위	루마니아	19.9%
7위	슬로베니아	37.8%	17위	미국	19.7%
8위	체코	37.3%	18위	캐나다	14.6%
9위	아르메니아	34.5%	19위	영국	14.5%
10위	핀란드	33.9%	20위	독일	11.3%

출처: 세계경제포럼(WEF, 2020년 기준)

프랑스 외에도 많은 나라가 원자력 발전소를 건설했어.
미국을 비롯한 15개국이
전 세계 원자력 발전량의 91%를 차지하고 있을 정도로
일부 국가에 몰려 있긴 하지만
2020년 현재 전 세계적으로 총 450기 가량의 원자로가 가동 중이야.
이를 통해 원자력은 **전 세계 총 발전량의 9~10%** 정도를
감당하고 있지.

국가별 원자로 운영 현황

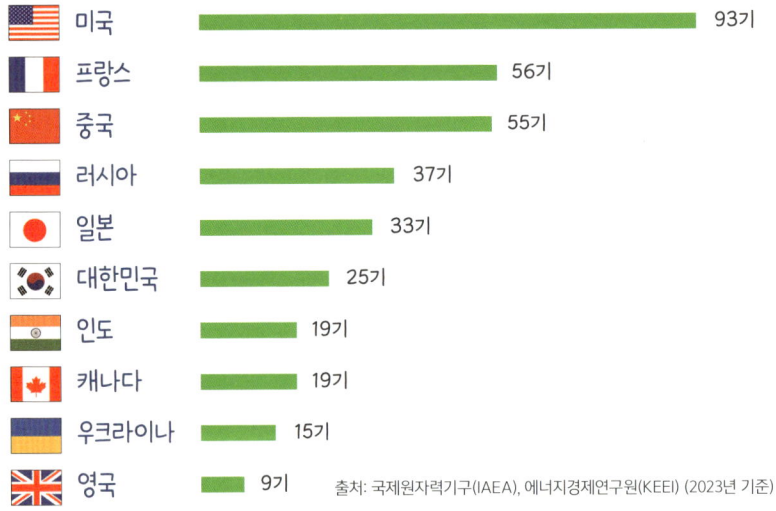

출처: 국제원자력기구(IAEA), 에너지경제연구원(KEEI) (2023년 기준)

원자력 발전은 석유나 석탄, 천연가스와 달리
전기 생산 과정에서 온실가스를 배출하지 않아.
또 상대적으로 전기 생산 비용이 저렴하고
소량의 원료로 대량의 전력을 안정적으로 생산할 수 있어서
주요 에너지원으로 자리 잡을 수 있었어.

하지만 ==원자력 발전에도 문제점==이 있었어.
우선 '==폭발=='의 위험성이 있지.
원자력 발전은 연쇄적인 핵분열로 생기는 열에너지를 이용하잖아.
그런데 이 핵분열의 속도와 정도를 통제하지 못하면
핵폭발이 일어나고 말아.
원자력 발전의 원리는 원자 폭탄이랑 같거든!
==방사능== 누출의 위험도 있어.
방사능은 불안정한 원소가 안정을 찾으면서 내뿜는 에너지인데
많은 양의 방사능을 사람이 받으면 건강에 이상이 생겨.
방사능은 암과 같은 질병, 더 나아가 유전자 변이까지 일으키거든.
방사능을 많이 받은 음식을 먹거나 그런 물건에 접촉해도
마찬가지지.
그런데 이런 ==문제들이 하나둘 발생하기 시작==했어.

1979년, 미국의 스리마일 섬의 원자력 발전소에서
원자로가 부분적으로 녹는 사건이 발생했어.
냉각 시스템의 고장과 사람의 실수 때문이었어.
인명 피해는 없었지만 사람들은 간담이 서늘해졌지.

그런데 1986년, 지금의 우크라이나인 소련의 체르노빌에서
원자력 발전소 폭발 사고가 일어났어!
안전 테스트 설계 문제에 사람의 실수가 겹쳐서 발생했는데,
이때 원자로가 폭발해 대량의 방사성 물질이
대기 중에 뿜어져 나왔지.
수십 명이 즉사했고, 수천 명이 방사능 노출로 질병에 걸렸어.
기형아를 출산하는 사례도 발생했어.
사고 지역은 지금도 출입을 금하고 있어.

2011년에는 일본 후쿠시마에서 원자력 발전소가 또 폭발했어.
진도 9.0의 강진으로 지진 해일이 밀려들어
후쿠시마의 제1 원전을 덮쳤지.
결국 원자로 1~3호기 냉각 장치가 멈추면서 원자로가 폭발했어.
지진과 원전 폭발로 인한 사망·실종자가 2만 2천 명에 달했고,

47만 명이 삶의 터전을 잃고 피난해야 했어.

10년도 넘은 일이라 차츰 일상을 되찾고 있다고는 하지만

사실 재난은 현재 진행형이야.

후쿠시마현 7개 도시는 여전히 방사능 오염으로

거주 불가능 지역으로 남아 있고

3만 명 가까운 사람들이 아직도 집으로 돌아가지 못하고 있거든.

또 오염수 처리 문제로 국제 사회가 골머리를 앓고 있지.

원자력 발전소의 또 다른 문제는 폐기물이야.

원자력 발전을 하면 폐기물이 나와.

방사능에 오염된 방사성 폐기물(방폐물)이지.

방사성 폐기물이란 방사성 물질을 일정 농도 이상 함유하거나

방사능 오염으로 폐기해야 하는 물질을 말해.

원자력 발전소는 물론 병원, 연구기관, 산업체 등

원자력을 이용하는 모든 과정에서 발생하지.

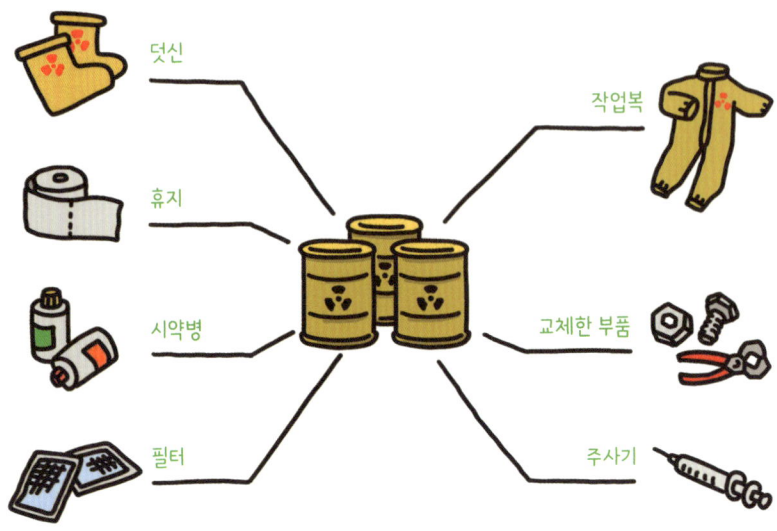

방사선이 적게 나오는 중·저준위 폐기물들의 예
중·저준위 폐기물들은 드럼통에 넣어 밀봉해 임시 저장시설에 쌓아 두었다가,
전용 트럭 등을 이용해 방사성 폐기물처리장(방폐장)으로 옮겨 처리해.

출처: 원자력안전위원회(NSSC)

중·저준위 폐기물이 담긴 드럼통들은 방폐장으로 옮겨져

콘크리트 처분 용기에 담겨.

콘크리트 처분 용기는 저장고에 상자를 쌓듯 쌓지.

그리고 저장고가 다 채워지면 빈 곳을 채움재와 콘크리트로

밀봉해서 300년 동안 보관해.

방사성 물질이 더이상 나오지 않을 때까지!

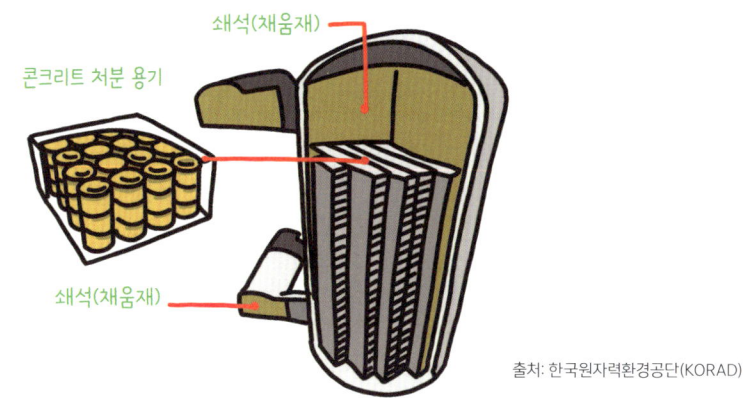

출처: 한국원자력환경공단(KORAD)

핵 연료 사용 후에 생기는 <mark>고준위 폐기물</mark> 처리는 더 어려워.
고준위 방폐물은 열도 많이 나고 방사능 세기가 크기 때문에
우선 수조 같은 임시 저장 시설에서 열을 식히고
방사능 농도도 낮춰야 해. 그리고 높은 열과 압력에도
끄떡없도록 설계한 처분 용기에 넣고 밀봉하지.
그다음 약 500m 깊이의 암반에 동굴을 파서 처분 용기를 넣고
동굴 빈 곳에 완충재를 채워 넣어. 새는 걸 막는 거야.
고준위 방폐물은 땅속 깊이 단단한 암반에
<mark>수십만 년 이상 밀폐·보관</mark>할 수 있도록 영구 처리하는 거야.
그런데 영구처리시설 운영을 위해서는
먼저 지하연구시설을 통한 준비 단계가 필요해.

7개국 정도가 지하연구시설을 운영 중이고

핀란드, 스웨덴에 이어 프랑스도 영구처리시설을 짓고 있지만

영구처리시설을 운영하는 나라는 아직 없어.

법 제정, 부지 선정, 실증 연구, 저장까지

수십 년 이상이 걸리는 일이라 만만치 않거든.

게다가 많은 사람이 영구처리시설을

자기 주변엔 짓기 싫어하니 어려운 일이야.

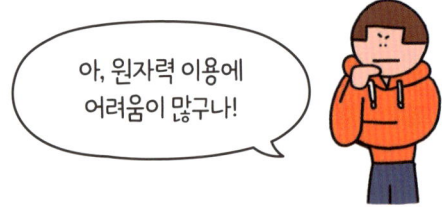

아, 원자력 이용에 어려움이 많구나!

그래서 고준위 방폐물을

원자력 발전소 내 임시저장시설에 보관하고 있는 곳이 많은데,

이마저 포화상태가 되면 원전 운영을 중단해야 할 수도 있어.

원전을 통한 안정적인 전기 생산이 어려울 수 있는 거지.

기후변화도 원전의 안정적 운영을 어렵게 하는

또 하나의 요인으로 떠오르고 있어.

원전은 대부분 바닷가에 짓는 게 일반적이지만

프랑스는 파리 센강을 비롯한 강변에도 원전을 지었어.

강물로 원자력 발전 시 발생하는 열을 식혔던 거야.

그런데 기후변화로 유럽에 가뭄이 들어 강 수위가 크게 떨어졌어.

게다가 원전의 노후화에 따른 문제도 발생했지.

폭염과 가뭄에 따른 프랑스 원자력 발전량 감소 폭
단위: 테라와트시(TWh)

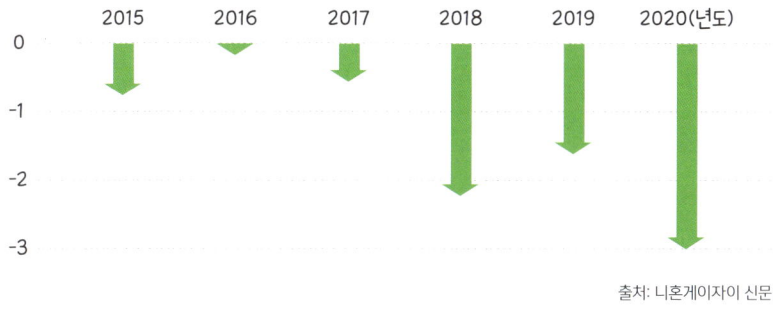

출처: 니혼게이자이 신문

2022년, 프랑스는 56개 원자로 중 32기의 가동을 중단해야 했어!

이로 인해 프랑스엔 전력난이 극심했어.

원자력 발전으로 전력의 70%나 감당 중이었으니 그럴 수밖에!

석탄, 석유, 천연가스가 없는 세상을 상상할 수 있겠어?
하지만 화석에너지는 언젠가는 바닥날 거야.
그런데 정말 고갈이 문제일까?
설사 새로운 유전이나 셰일가스를 계속 찾아낸다 해도
화석연료는 환경 오염과 온실가스 배출이라는
결정적인 문제를 갖고 있어.
특히 온실가스 배출은 지구 기후를 변화시켜
'기후위기'를 낳고 있지.
대멸종이 일어날 거라는 비관적 전망도 대두하고 있어.
기후위기가 무엇이고, 극복의 열쇠가
어디에 있는지 생각해 보자.

Level 3

기후위기와 에너지
에너지와 지구

인도양 쌍극자 현상

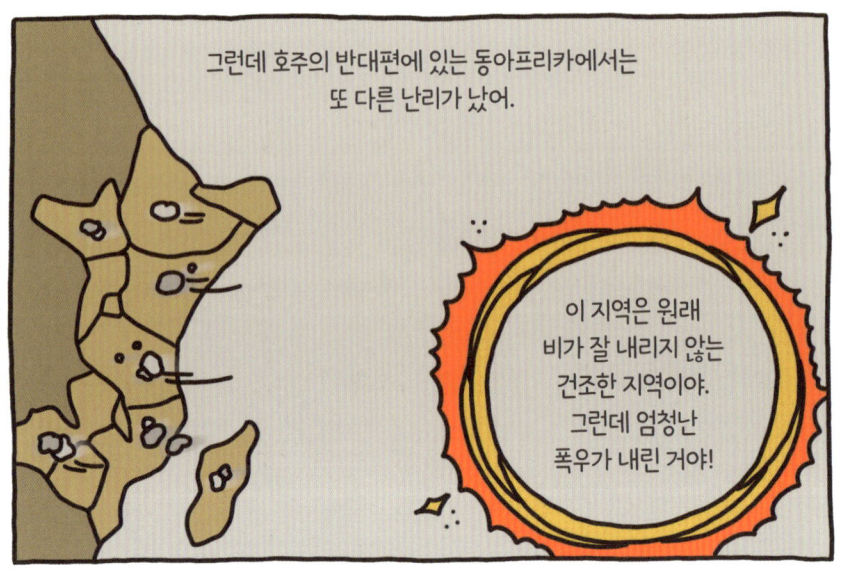

Check it up 1 기후

기상 이변, 기후변화 그리고?

기상 이변은 따뜻하던 지역에 갑자기 한파가 몰아치거나
비가 잘 내리지 않던 건조한 지역에 폭우가 쏟아지는 등
이전에 일어나지 않았던 갑작스러운 기상 현상을 말해.
기상 이변이 잦아진 이유는 기후변화 때문이야.
기후변화, 그걸 알려면 먼저 기후가 뭔지부터 알아야겠지?
기후는 일정한 지역에 여러 해에 걸쳐 나타나는
기온, 강수, 바람 등 여러 기후 요소들의 평균적인 상태를 말해.
같은 장소에서는 일정한 것이 보통이지.
그래서 지구는 기후 요소가 비슷하게 나타나는 지역을 묶어
기후 지역으로 구분하는데, 대표적인 게 **쾨펜의 기후 구분**이야.

쾨펜의 기후 구분

독일 태생의 러시아 기후학자 블라디미르 쾨펜(1846~1940)이
1884년에 처음 만들고 20세기 들어 몇 차례 수정해 완성했지.
그 뒤에도 여러 기후학자가 수정, 개량해서 오늘날에 이르렀어.
쾨펜의 기후 구분에서는 전 세계 기후를
먼저 나무가 자라는 기후와 그럴 수 없는 기후로 나누고
가장 추운 달과 따뜻한 달의 평균 기온과
연간 강수량 등을 기준으로
열대, 온대, 냉대, 한대, 건조 등 5개 기후로 구분했어.

각 기후는 다시 세부 기후로 나누었지.

수목 기후	열대 기후(A) (tropical)	가장 추운 달 평균 기온 18℃ 이상	· 열대 우림 기후(Af) · 사바나 기후(Aw) · 열대 몬순 기후(Am)	· f : 연중 습윤 · s : 여름 건조 · w: 겨울 건조 · m: 계절풍(몬순) · a : 가장 더운 달 평균 기온 22℃ 이상 · b : 가장 더운 달 평균 기온 22℃ 미만, 기온 10℃ 이상인 달이 4개월 이상
	온대 기후(C) (temperate)	가장 추운 달 평균 기온 -3~18℃	· 온난 습윤 기후(Cfa) · 서안 해양성 기후(Cfb) · 지중해성 기후(Cs) · 온대 겨울 건조 기후(Cw)	
	냉대 기후(D) (continental)	가장 추운 달 평균 기온 -3℃ 미만, 가장 더운 달 평균 기온 10℃ 이상	· 냉대 습윤 기후(Df) · 냉대 겨울 건조 기후(Dw)	
무수목 기후	건조 기후(B) (dry)	연 강수량 500mm 미만	· 스텝 기후(BS) · 사막 기후(BW)	· S : 연 강수량 250~500mm · W: 연 강수량 250mm 미만
	한대 기후(E) (polar)	가장 더운 달 평균 기온 10℃ 미만	· 툰드라 기후(ET) · 빙설 기후(EF)	· T : 가장 더운 달 평균 기온 0~10℃ · F : 가장 더운 달 평균 기온 0℃ 미만

지구상의 **모든 식물은 각각의 기후 조건에 맞게 적응**했어.

열대 기후에서 잎이 넓은 활엽수가 자라고

냉대 기후에서는 잎이 침처럼 생긴 침엽수가 자라는 건

각각의 기후에 맞게 적응했기 때문이야.

동물들 역시 기후에 적응하며 진화했어.

냉대 기후에 사는 동물들은 추위를 잘 견딜 수 있도록,

북극곰처럼 두꺼운 지방층과 긴 털이 자라나잖아.

비가 잘 내리지 않는 사막에 사는 동물들은

낙타처럼 적은 물만 먹고도 견딜 수 있게 발달했고.

인간들도 마찬가지야. 집을 짓는 것만 해도 그래.

열대 기후에 사는 사람들은 주변에 흔한 나무를 주재료로

강물이나 호수 위에 집을 지어서 더위를 피했어.

반면 건조 기후에는 흙을 햇빛에 말려 만든 벽돌로 지은 집이 많아.

나무를 구하기 어려운 데다, 비가 잘 내리지 않아서

흙을 말린 벽돌을 이용해도 문제가 없는 거야.

같은 온대라도 기후에 따라 주된 먹거리도 달라.

온난 습윤한 지역에서는 벼농사를 주로 짓고,

건조한 지중해성 기후에서는 밀 농사를 주로 지어 왔어.

그래서 우리나라를 비롯한 아시아 쪽 온대 기후 지역에서는 밥을,

유럽의 온대 기후 지역에서는 빵을 주로 먹게 됐지.

기후는 인간의 생활 양식에도 지대한 영향을 끼친 거야.

그런데 이런 기후가 변화하고 있어.

석유, 석탄, 천연가스와 같은 화석에너지는

우리가 쓰는 동안은 물론 채굴하는 과정에서부터

이산화탄소나 메탄 같은 가스를 배출해.

사실 이런 가스들은 이미 지구를 감싸고 있는 기체들이야.

이 기체들은 태양에너지가 지구 표면에 닿았다가

우주로 빠져나갈 때

열의 일부를 흡수하거나 반사할 수 있는 성질이 있지.

지구가 생물이 살 수 있을 정도로 따뜻한 건

대기 중에 이런 가스가 적당하게 있기 때문이야.

지구를 온실처럼 만들어 주어, 이 가스들을 **온실가스**라고 불러.

이산화탄소나 메탄뿐 아니라

아산화질소, 수소불화탄소, 과불화탄소, 육불화황도 온실가스야.

그런데도 온실가스 하면 이산화탄소를 주로 얘기하는 건

배출량이 가장 많아서 기후에 미치는 영향이 크기 때문이야.

그렇다고 이산화탄소를 나쁜 기체라고만 할 순 없지.

이산화탄소는 식물의 광합성에 쓰이기도 하잖아.

6대 온실가스의 종류와 배출 원인

여섯 가지 온실가스들은 열을 품고 있거나 다시 배출해 내는 능력이 달라서 온실효과를 일으키는 능력도 달라. 이 능력을 지구온난화지수(GWP, global warming potential)로 표현하는데, 이산화탄소가 가진 능력을 1이라고 할 때 메탄 21, 아산화질소 310, 수소불화탄소 1,300, 과불화탄소 7,000, 육불화황은 23,800이나 돼. 탈탄소, 무탄소, 저탄소 등의 용어에서 탄소는 이산화탄소를 의미하고, 결국은 온실가스 전체를 의미하는 거야.
온실가스 배출은 이산화탄소 기준으로 환산해서 비교하거든.

출처: 한국에너지공단(KEA)

그런데 대기 중에 이런 온실가스들의 농도가 올라가면

지구를 빠져나가지 못하는 열이 많아져 지구 온도도 올라가!

산업혁명을 기준으로 현재 지구의 평균 온도가 1~2도 올랐다고 해.

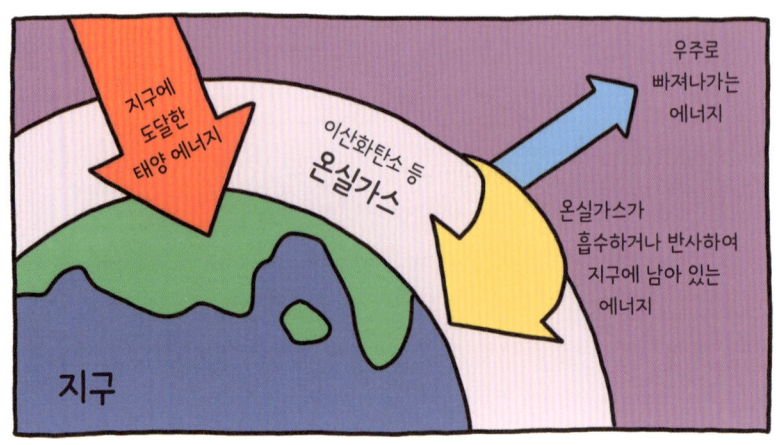

온실효과가 일어나는 과정

'1~2도가 그렇게 큰 문제인가?'라고 생각할 수 있지만,
평균 온도라는 말에 우리가 생각지 못하는 게 있어.
여름과 겨울만 있는 지역이 있다고 가정해 볼게.
그 지역 여름철 평균 온도가 30도고 겨울철 평균 온도가
영하 10도라면, 한 해 평균 온도는 대략 10도 정도가 되겠지?
여름이든 겨울이든 사람들이 살 만한 기후야.
그런데 여름철 평균 온도가 52도, 겨울철 평균온도가 -30도라도
한 해 평균 온도는 대략 11도야.
평균 기온은 1도 차이지만
여름이든 겨울이든 사람이 살 수 없는 곳인 거야!

기후변화는 이런 양상을 보여.

여름에는 폭염 때문에 사람들이 쓰러지고

겨울에는 너무 추워서 사람들이 얼어 죽는 식이지.

한쪽에서는 엄청난 폭염과 가뭄으로

숲이 불타오르고, 다른 한쪽에서는

홍수가 일어나 도시와 사람들을 집어삼킬 수도 있어.

그래서 기후변화 대신 ==기후위기==라는 표현을 써야 한다고 해.

기후변화가 지역에 따라 혹은 계절에 따라

극한의 변화를 만들어 내 사람들을 위기 상황으로 내모니까.

이런 ==기후변화는 동식물의 멸종을 초래==하고 있어.

바다가 따뜻해지고 산성화하면서 크릴새우의 수가 감소하고

이에 따라 고래, 펭귄, 물개들의 생존도 위협받아.

사막화는 개구리, 맹꽁이 같은 양서류들의 서식지를 앗아 가고

북극의 빙산이 녹는 바람에 사냥터를 잃은 북극곰은

굶어 죽어 가고 있지.

지난 100년간 동식물의 20%가 멸종했고, 이대로 가면

10년 안에 100만여 종의 동물이 멸종할 수도 있대.

이런 멸종 위기에서 우리 ==인간이라고 안전할 수 있을까?==

게다가 기후위기는 전염병의 위협을 키워.
서식지를 잃은 야생 동물들로 인한 ==전염병이 증가==하고 있잖아?
온대 기후 지역이 열대, 아열대 기후로 바뀌면서
열대 기후에서 주로 발생하던
말라리아와 같은 전염병의 발병 범위도 커지고 있지.
한대, 냉대 기후 지역의 빙하가 녹고 그 아래 땅까지 녹으면서
수백 수천만 년 동안 그 속에 얼어 있던
각종 미생물이나 바이러스가 되살아날까도 걱정이야.
우리가 한 번도 접해 본 적 없는 미생물이나 바이러스라서
우리 몸에는 그에 대한 저항성이 전혀 없을 텐데…….
그로 인한 전염병이 발생하면 정말 큰일인 거야.
전 세계가 겪은 '코로나바이러스감염증-19'로 인한 팬데믹은
자연이 우리에게 준 경고라고 볼 수 있지.

기후위기는 우리가 살고 있는 도시도 파괴할 수 있어.
세계 많은 도시들이 바닷가에 있어.
바다를 통해 물자와 사람을 실어 나르니까.

그런데 기후변화로 남북극의 빙하가 녹으면 해수면이 상승하고
해수면이 상승하면 많은 도시가 바다에 잠기고 말 거야!

기후위기는 식량 위기로도 이어져.
곳곳에 가뭄이 들고 홍수가 나면
식량 생산이 줄어들 수밖에 없어.
더 나아가 기후변화로 사막화가 일어나면
농사지을 땅 자체가 줄어들어.
지금보다 훨씬 더 많은 사람이 기아에 내몰리겠지!

> Check it up 2 　상식

대멸종은 막읍시다!

지구 역사상 5번의 대멸종이 있었다고 해.
거대 운석의 충돌과 같은 지구 외적 작용이나
지진과 화산 폭발 같은 지구 내부의 자연현상으로
대기의 이산화탄소 등의 농도가 큰 폭으로 변했고
그에 따라 지구 기온도 갑작스럽게 바뀌곤 했거든.
==기후변화에 대처하지 못한 동식물들은 그때마다 멸종==한 거야.

과학자들은 6번째 대멸종을 경고하고 있어.
1970년대에 이런 주장이 나왔을 때 사람들은 '설마!' 했어.
지구는 스스로 회복할 능력이 있다고 믿었거든.

국제사회는 1980년대 후반에서야 논의를 시작했지.
1992년엔 유엔환경개발회의에서
'유엔기후변화협약UNFCCC'을 채택했어.
선진국과 개도국이 각자 능력에 맞게 온실가스를
감축할 것을 약속한 거야.
1997년에는 '교토의정서'를 채택하고
37개 선진국에 **온실가스 감축 의무**를 부과했지.

하지만 생각처럼 온실가스 배출량은 줄지 않았어.
화석에너지를 계속 사용하는 데다, 약속을 지키지 않거나
기후변화협약을 탈퇴하는 나라들도 있었거든.
그사이 기후변화는 더욱 뚜렷해져 기후위기로 나타났어.
우습게도 이런 위기가 기후변화를 막기 위한 노력을
늦춰선 안 된다는 공감대를 넓혔지.

2015년, 제21차 '유엔기후변화협약 당사국총회COP21'에서
195개 회원국이 만장일치로 새로운 기후협정안을 체결했어.
파리에서 이루어졌기 때문에 '**파리협정**'이라고 불러.
전 세계 모든 국가가 참여하는 기후변화체제를 마련한 거야.

지구 평균온도 상승을 1.5℃가 넘지 않도록 하자는 말 들어봤지?

과학자들은 지구의 기온이 상승하면 어떤 일이 벌어질지 연구했어. 온도가 조금씩 오를 때마다의 변화를 예상했지.

지구 온도 상승과 지구의 변화

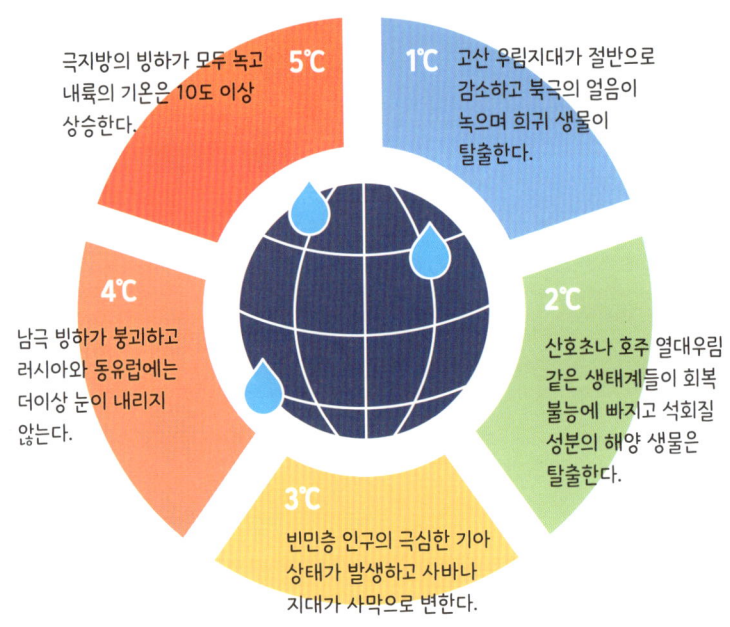

출처: IPCC

이 연구를 바탕으로, 지구 온도가

적어도 2도 이상 올라가지 않도록 해야 한다고 의견을 모았어.

더 낮으면 좋지만 현실적으로 2도를 목표로 삼은 거야.

그런데 남태평양 투발루와 같은 나라들은 더 낮춰야 한다고 주장했어. 예전에는 땅이었지만 지금은 바다에 잠긴 곳에서 전 세계인들을 향해 호소했지.

COP26 연설에 나선 사이먼 코페, 투발루 외교장관

사실 1.5도와 2도의 차이는 엄청나게 다른 결과를 낳을 수 있어.

산업혁명 대비 지구 기온이 1.5℃ 상승했을 때와 2℃ 상승했을 때 비교표

구분		1.5℃	2.0℃
북극 해빙 완전소멸 빈도		100년에 한 번 (복원 가능)	10년에 한 번 (복원 어려움)
해수면 상승		0.26~0.77m	0.3~0.93m
서식지 절반 이상 감소비율	곤충	6%	18%
	식물	8%	16%
	척추동물	4%	8%

출처: 환경부, 2050 탄소중립 교육 참고 자료집

기후변화에 관한 주요 국제 협상의 전개

- **1992** 기후변화협약 채택
- **1994** 기후변화협약 발표
- **1997** COP3 교토의정서 채택
  - 선진국 등 39개국, 2008년~2012년 평균 배출량을 1990년 배출량 대비 5.2% 감축에 합의
- **2005** 교토의정서 발효
- **2015** COP21 파리협정 채택
  - 최대 2℃, 1.5℃ 온도상승 억제 목표, NDC, 기후재원, 진전원칙 채택
- **2016** 파리협정 발효
- **2018** IPCC 특별보고서
  - COP24 파리협정 이행지침 채택
  - 파리협정의 실질적 이행을 위한 이행지침 Paris Rulebook 채택
- **2021** 신기후체제 진입
- **2021** COP26 글래스고 기후합의
  - 1.5℃ 온도상승 억제 목표 재확인, 파리협정세부규칙 Rule Book 완성, 저감장치 없는 석탄발전과 비효율적 화석연료 보조금의 단계적 감축

출처: KEEI

파리협정 이후 이행에 필요한 지침 마련을 위해
많은 노력과 협상이 있었어.
2018년에 '기후변화에 관한 정부간 협의체 IPCC'가
'지구온난화 1.5℃ 특별보고서'를 채택한 것도 그 결과 중 하나야.
목표에 대한 과학적 근거가 담겨 있거든.
산업혁명 이후 온실가스 배출이 비이상적으로 늘어난 건
명백히 인간활동에 의한 거라고 보고서는 직시했어.
그리고 재앙을 막기 위해서는 늦어도 2100년까지

지구 평균온도 상승을 1.5도 이내로 억제해야 하고,
그러려면 2050년까지 세계 온실가스 순배출량이 0이 되는
탄소중립을 달성해야 한다고 분석했지.
전 지구적으로 2030년까지 온실가스 배출량을
2010년 대비 45% 이상 줄이는 게 중간 목표야.

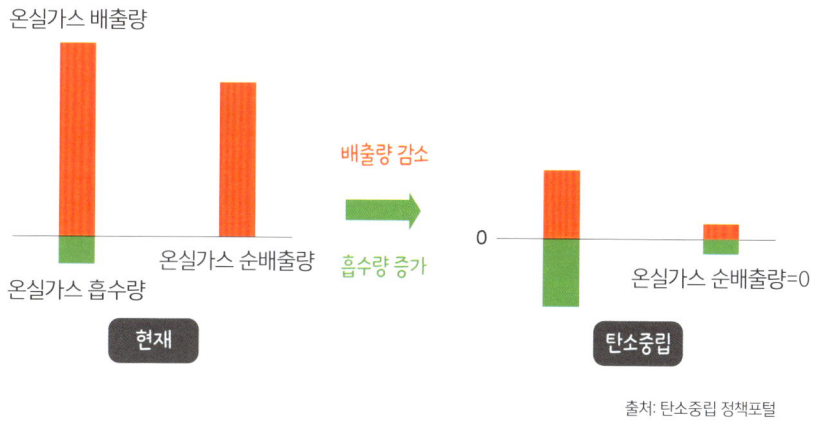

출처: 탄소중립 정책포털

탄소중립은 인간활동에 의한 온실가스 배출을 최대한 줄이고,
어쩔 수 없이 배출한 온실가스는
삼림에 흡수시키거나 기술적으로 제거해서
대기 중 온실가스 순배출을 0Zero으로 만든다는 개념이야.
그래서 '넷제로' 혹은 '탄소제로'라고도 해.

Check it up 3) 국제

누구의 책임인가?

2015년 파리협정을 채택했을 때, 많은 사람이 기대했어.
그런데 기대한 만큼 기후위기에 대한 걱정은 줄어들었을까?
세계기상기구WMO는 2023년 1년 동안 세계 평균기온이
산업혁명 시기보다 1.5도 넘게 올랐다고 밝혔어.
그리고 앞으로 5년 사이 적어도 한 해 이상
지구 기온 상승이 1.5도를 넘길 확률은 80%라고 예측했어.
IPCC는 6차 종합보고서에서 금세기 말 지구 평균온도가
산업화 이전 대비 3.2도까지 늘어날 것으로 전망했지.
세계 각국이 배출량 감축 정책을 개선하지 않는다면 말이야.
지구 평균기온 상승을 1.5도 내로 잡기 위해서는

2050년 넷제로를 이뤄야 하고, 그 목표를 달성하려면

<mark>화석에너지 사용을 절대적으로 줄여야 해.</mark>

하지만 아래 그래프를 봐!

2020년 팬데믹으로 잠시 주춤했을 뿐

석유와 석탄, 천연가스의 소비는 줄지 않았어!

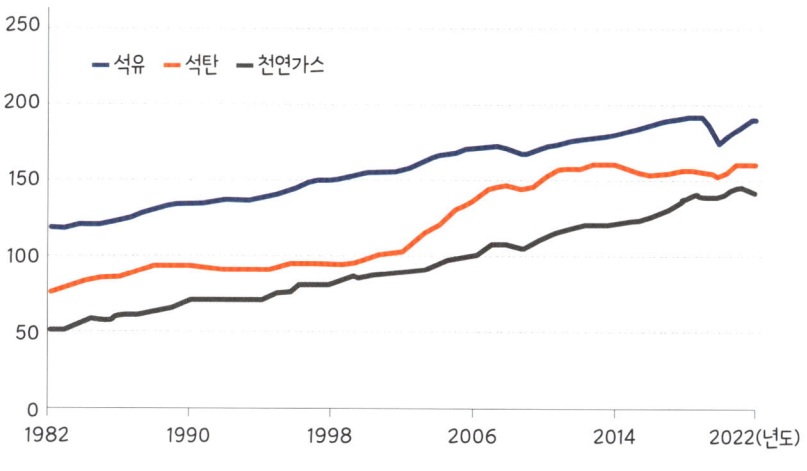

세계 화석연료 소비량 변화

단위: 엑사줄(EJ)

출처: 세계에너지통계리뷰(EI, 2022년 기준), Our Finite World

파리기후변화협정으로 각 국가는 5년마다

스스로 온실가스 배출을 줄일 계획을 세워 유엔에 제출하고

<mark>자율적으로 이행</mark>해야 해.

하지만 계획도, 이행도 강제 조항이 아니야.
그러다 보니 충분한 목표를 잡지 않는 나라도 있고
목표를 잡고도 제대로 이행하지 않는 나라도 있는 거야.

게다가 온실가스 배출을 0으로 만들겠다고
갑자기 화석에너지 사용을 대폭 줄일 수 있을까?
지금도 우리는 80% 이상의 에너지를
화석연료를 태워서 얻고 있는데!

에너지원별 소비량과 발전량 비중

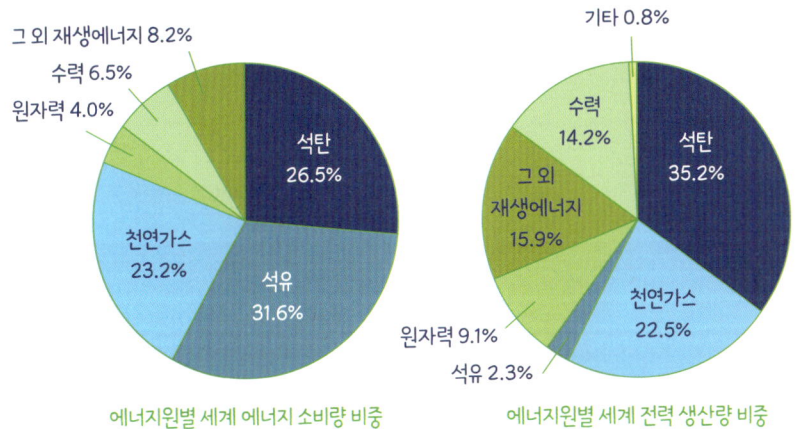

에너지원별 세계 에너지 소비량 비중　　에너지원별 세계 전력 생산량 비중

출처: 세계에너지통계리뷰(EI, 2023년 기준)

게다가 ==기후위기에 대한 책임 소재 공방==도 있었어.

==선진국들은 개발도상국들의 인구증가와 경제 발전에 대한 열망이
기후위기를 부추긴다==고 했어.
인구가 증가하면 당연히 에너지 소비가 늘겠지?
또 경제 개발을 하려면 그만큼 에너지가 많이 필요한데
많은 개발도상국들이 화석연료로 에너지를 생산 중이야.
원자력이나 재생에너지를 이용할 만큼의
기술과 자본이 없는 나라는
화석연료를 쓰는 편이 경제적이기 때문이야.
그래서 화석에너지 사용이 폭발적으로 늘어나
기후위기를 가속화한다는 거야.

반면, ==개발도상국들은 선진국들 책임==이라고 맞섰어.
산업혁명은 영국과 유럽, 그리고 미국에서 일어났고
기후위기는 그 나라들이 100년 넘게 쓴
화석에너지 때문에 생겨난 것이니, 문제 해결의 책임은 당연히
선진국들이 더 져야 한다는 거야.
게다가 선진국들은 아직도 에너지를 많이 쓰고 있잖아.

국제구호개발기구인 '옥스팜'이 2020년 발표한 자료는
이를 뒷받침하고 있어.

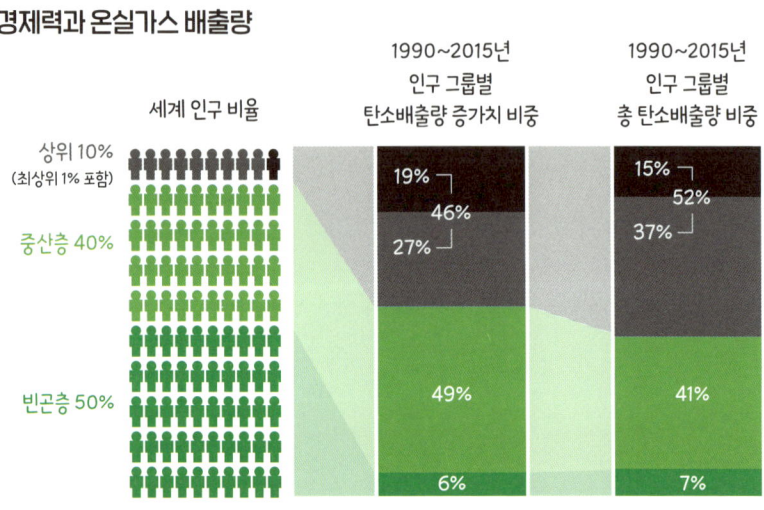

상위 부자 1%가 전 세계 온실가스 배출량의 19%를
상위 부자 10%가 전 세계 온실가스 배출량의 46%를 차지하고 있지.
그에 반해 가난한 나라 50%의 온실가스 배출량은 전체의 6%였어!
이렇게 보면 온실가스 배출로 지구의 기후변화를 일으킨 것도
지구의 기후위기를 부채질한 것도 모두 선진국 사람들인 거야!
따라서 온실가스 배출을 줄일 책임과 기후위기를 막을 의무를
모든 나라들이 똑같이 지는 건 불공평하고

불공정한 것이 아니냐는 주장이지.

그런데 **선진국들의 1인당 이산화탄소 배출량이 높은 건** 사실이지만 일부 **개발도상국들도 선진국 못지 않게 많은 온실가스를 배출**해. 이산화탄소 배출 증가율 측면에서는 선진국을 능가하기도 하지.

1인당 이산화탄소 배출량 상위국

순위	지역	1인당 이산화탄소 배출량(톤/년)
1	중동산유국 그룹*	19.5
2	캐나다	15.2
3	사우디아라비아	14.5
4	미국	14.4
5	호주·뉴질랜드	13.6
6	러시아	11.4
7	한국	11.3
8	카자흐스탄·투르크메니스탄	11.2
9	대만	10.8
10	일본	8.4
세계평균		4.4

* 바레인, 오만, 쿠웨이트, 카타르, 아랍에미리트   출처: 세계이산화탄소배출 (AQAL Capital, 2019년 기준)

이렇게 보면 온실가스 감축을 위해서는 선진국이든 개발도상국이든, **전 지구적 행동이 필요**한 게 아닐까?

> 맞아. 지금의 배출이 또 10년, 30년 후에 문제가 될 테니까.

2015년 파리협정을 통해 각 나라는 지구 평균기온 상승을
산업화 이전 대비 1.5도 이내로 막자는 데 동의했어.
2018년 '지구온난화 1.5°C 특별보고서' 채택 이후
2020년엔 많은 나라가 탄소중립 선언도 했지.
하지만 목표에 가까이 갈 기미가 보이지 않았어.
충분한 실천이 따라 주지 않았으니까.
그러자 많은 사람이 정부와 기업을 압박하기 시작했어.
에너지 전환이 막을 수 없는 대세가 된 거야.
에너지 전환으로 대체할 새로운 에너지가 무엇인지,
그 에너지로의 전환이 어떤 영향을 미칠지 알아보자.

NEXT LEVEL

모두를 위한 에너지 전환
에너지의 미래

기후 소송

이 판결은 기후위기 방지와 관련한 국가의 의무를 확정한 세계 최초의 판결이었어.

HET KAN ALS JE HET WILT!

이후, 전 세계에서 기후위기 관련 소송이 크게 증가했어.

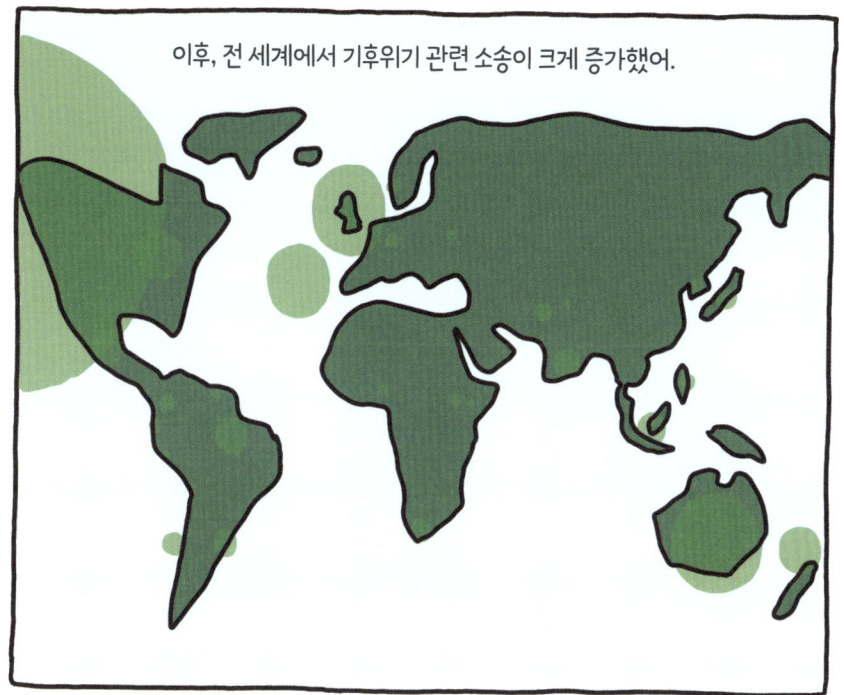

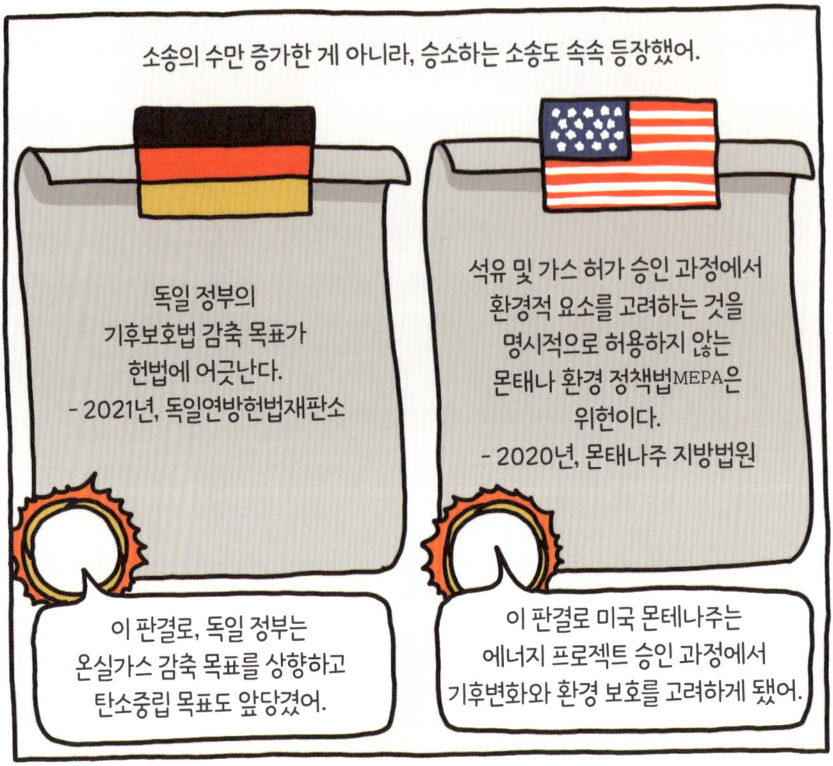

소송의 수만 증가한 게 아니라, 승소하는 소송도 속속 등장했어.

독일 정부의 기후보호법 감축 목표가 헌법에 어긋난다.
- 2021년, 독일연방헌법재판소

이 판결로, 독일 정부는 온실가스 감축 목표를 상향하고 탄소중립 목표도 앞당겼어.

석유 및 가스 허가 승인 과정에서 환경적 요소를 고려하는 것을 명시적으로 허용하지 않는 몬태나 환경 정책법MEPA은 위헌이다.
- 2020년, 몬태나주 지방법원

이 판결로 미국 몬테나주는 에너지 프로젝트 승인 과정에서 기후변화와 환경 보호를 고려하게 됐어.

이러한 기후 소송은 기업에 대해서도 진행 중이야.

SEE YOU IN COURT!

2018년, '지구의 벗'이라는 국제 환경단체가 세계적인 석유 기업 셸Shell과 소송전을 시작했어.

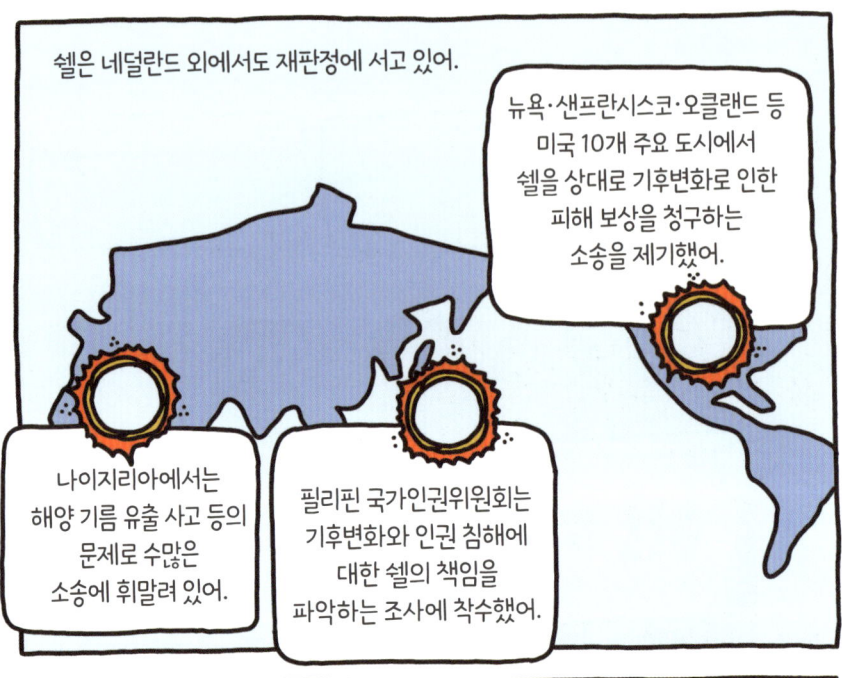

> Check it up 1   시사

탄소배출권과 RE100

많은 나라가 기후위기를 일으키는 탄소 배출량을 줄이기 위해 ==다양한 탄소 관련 정책==을 마련하고 있어.

대표적인 게 '==탄소배출권==' 제도야.

정부에서 기업이 1년 동안 배출할 수 있는 탄소의 양을 정해 그 범위 안에서만 탄소를 배출할 수 있게 하는 거야.

탄소배출권은 다른 기업에 팔 수 있고, 반대로 살 수도 있어.

이 때문에 ==기업 스스로 탄소 배출량을 줄일 수 있는 아이디어를 내고 기술을 개발하게 함==으로써

기후위기 극복에 큰 도움이 될 거라고 해.

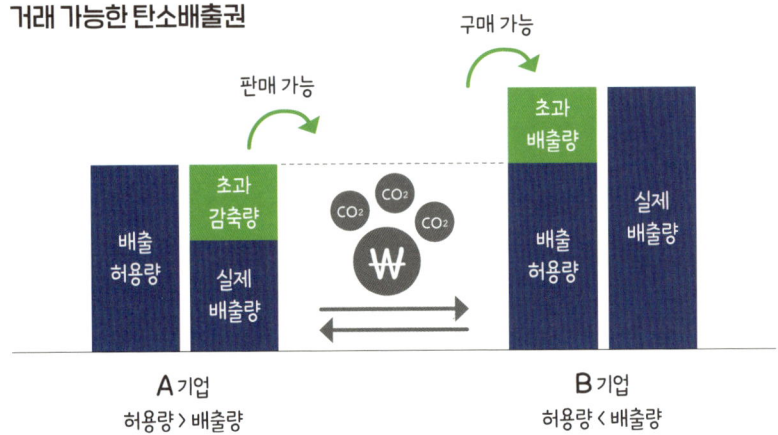

<mark>탄소세</mark>를 도입하려고도 해.

상품을 만들 때 나오는 탄소량을 기준으로 세금을 매기는 거야.

탄소 배출량이 많은 상품에는 높은 세금을, 탄소 배출량이 적은 상품에는 낮은 세금을 매기면 기업들이 상품을 만들 때 탄소 배출을 줄이려고 노력하겠지? 그래야 상품값이 싸져서 시장에서 경쟁력을 가질 수 있으니까.

<mark>탄소국경세</mark>도 있어.

상품을 수입할 때 탄소 배출량이 많은 나라에서 생산한 제품에 높은 세금을 매기는 거야.

그러면 나라마다 탄소 배출량을 줄이려고 노력할 거야.

자기 나라에서 만든 제품에 높은 세금이 매겨져 값이 비싸지면 잘 팔리지 않을 테니까.

그런데 탄소배출권 등의 제도를 제대로 운영하려면 ==탄소 배출량을 정확하게 측정==할 수 있어야 해. 그러려면 ==기술이 필요하고, 적용에도 비용==이 들지. 그래서 이런 제도들의 도입도 쉬운 일이 아니야.

하지만 앞으로 전 세계 ==대부분의 나라와 기업들이 이런 정책들을 도입하거나 적용할 것==으로 보고 있어.

기후위기를 극복하기 위한 방법은

탄소 배출을 줄이는 것밖엔 없다는 걸 모두가 알고 있으니까.

그래서 많은 나라가 이미 화석에너지 사용을 줄이기 위해

석탄 발전을 퇴출시키고 있지.

또 많은 나라가

화석에너지를 이용하는 내연 기관 자동차 판매를 금지하려고 해.

기업들도 기후위기를 타개하기 위해 적극적으로 나섰어.

대표적인 게 국제적인 비영리단체인 '클라이밋 그룹 Climate Group'과 환경경영인증기관인 '탄소정보공개 프로젝트 Carbon Disclosure Project'가 2014년부터 진행하고 있는 RE100 캠페인이야.
RE는 Renewable Electricity의 앞글자를 딴 약자로
==기업이 쓰는 전기를 전부 재생에너지로 만들자==는 캠페인이야.

주요국 석탄 발전 퇴출 시기

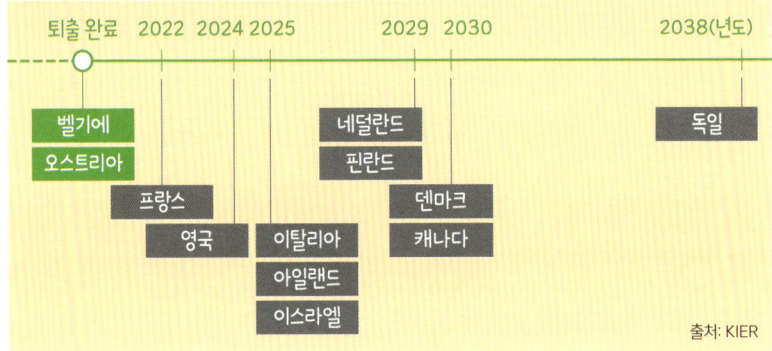

내연 기관 자동차 판매를 금지하려는 나라들

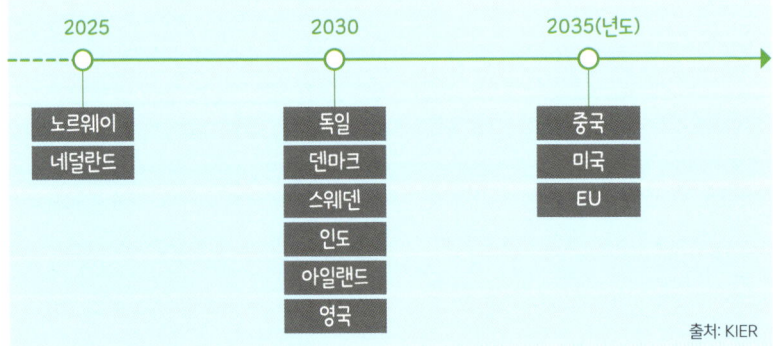

연간 전력 소비량 100기가와트 이상의 대기업 대상인데
참여는 자율 선택이야. 그럼에도 수백 개의 기업이 동참하고 있어.

2016년, RE100에 가입한 '애플Apple'은
2018년부터 자신들이 운영하는 전 세계 데이터센터를 포함한
모든 사업장을 재생에너지로 생산한 전기로 가동하고 있어.
애플처럼 이미 RE100을 달성한 글로벌 기업들이
협력 업체들에게도 동참을 요구하고 있지.
삼성전자도 국제적 흐름에 맞춰 2022년에 가입했어.

2017년에 RE100을 달성한 '구글Google'은
재생에너지 최대 사용 기업이야.
다음 단계로 2030년까지
전력망에서 탄소를 완전히 없애겠다는 목표도 세웠어.
2021년, 유엔과 함께 24/7 CFE 협약도 출범했지.
CFE는 Carbon-Free Energy의 앞글자야.
숫자는 24시간 7일을 뜻해. 언제 어디서든, 시공간 제약 없이
무탄소에너지를 사용하자는 거야.
그 중심에는 햇빛이나 바람 같은 재생에너지가 있지.

혹시 ESG라고 들어 봤어?

ESG는 환경Environmental, 사회Social, 지배 구조Governance의

영문 첫 글자 조합이야.

기업의 지속적인 성장과 생존을 위한 핵심 가치들이기도 해.

예전에 기업을 평가할 땐 투자 실적 같은 것들이 기준이었어.

하지만 최근에는 기업의 사회적 책임 같은 가치들을 중요시해.

이때 지표가 되는 것이 바로 ESG이고

ESG는 반드시 기후위기 극복과 탄소감축을 포함하지.

환경뿐 아니라 기업의 사회적 책무와 관련이 크니까.

그래서 각 나라는 물론 기업들 역시

탄소 배출량을 줄이기 위해 화석에너지를 퇴출시키고

재생에너지, 무탄소에너지로 전환하기 위해 노력 중인 거야.

기업이 경쟁력을 갖추기 위해서도
기후위기를 막기 위해 앞장서야 한다는 거구나!
그런데 재생에너지는 뭐고
무탄소에너지는 또 뭐야?

Check it up 2 기술

에너지 전환

화석에너지를 퇴출하려면 어디서 에너지를 얻어야 할까?

주로 '재생에너지'에서 얻어야 해.

해, 바람, 물 등 자연이 주는 원료로

에너지를 계속 만들어 낼 수 있어서 재생에너지라고 불러.

재생에너지의 종류

태양광	태양열	풍력	수력
햇빛에너지를 직접 전기로 바꿈	태양열에너지를 온수 및 냉난방 등에 사용	바람의 힘을 회전력으로 전환시켜 전기 생산	물의 위치에너지를 전기로 바꿈
지열	해양	바이오	폐기물
땅의 열을 이용하여 열에너지와 전기에너지를 생산	해양의 파도·조석 간만의 차·염도·해류·온도차 등 이용	동식물성 자원을 바이오 연료로 전환	폐기물을 변환시켜 연료나 폐열 등의 에너지를 생산

새롭게 에너지원으로 주목받는 수소도 있어.

수소에너지는 물 등의 화합물에서 수소를 분리·생산해서 이용하는 에너지야.

그럼 **무탄소에너지**는 뭘까?

글자 그대로 탄소를 배출하지 않는 에너지야.

재생에너지는 무탄소에너지야!

수소에너지는 무탄소에너지일 수도 있고, 그렇지 않을 수도 있어.

수소를 만들 때 온실가스를 배출할 수도 있거든.

원자력 또한 무탄소에너지야.

원자력 발전은 탄소를 배출하지 않으니까.

전체 온실가스의 80%이상이 에너지 분야에서 발생해.

따라서 탄소중립을 위해서는 에너지 대전환이 필요해.

이를 위해 제일 먼저 할 일은 탄소 배출 없이 전기를 생산하는 거야.

전기는 우리에게 가장 익숙한 최종 소비의 형태이지만

실제 전기로 소비하는 에너지 비중은 20% 정도에 불과해.

산업 공정, 수송용 연료, 건물 난방, 급탕, 취사 등에 사용하는 열이나 가스는 대부분 화석연료에서 얻고 있잖아.

탄소중립을 위한 대전환

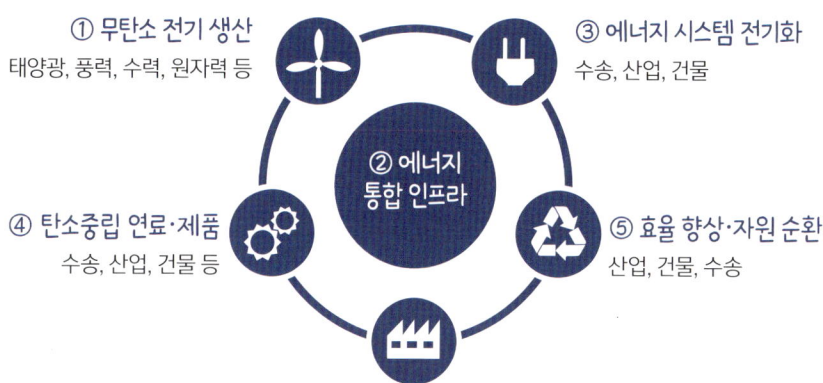

① 무탄소에너지로 온실가스 배출 없이 전기를 만든다. (무탄소 발전)
② 자연 조건에 영향받는 재생전기를 많이 활용할 수 있는 에너지 통합 인프라를 만든다.
③ 에너지 시스템을 전기화한다.
④ 전기화가 어려운 분야는 수소, 암모니아, 바이오 연료 같은 탄소중립 연료를 활용한다.
⑤ 에너지를 가능한 적게 효율적으로 사용하고 폐자원을 순환하여 에너지 수요를 줄인다.
⑥ 2050년에도 가동이 필요한 시멘트·정유·철강 공장 등에서 발생하는 온실가스는 포집하여 저장한다.

출처: KIER

탄소중립을 위해서는 **최종 에너지 소비 중 적어도 50% 정도는 전기화해야** 해.

태양광·풍력·수력·원자력 등으로 무탄소 발전을 하고

그 사용을 늘리면 당연히 온실가스 배출이 줄어드는 거야.

태양광·풍력 전기는 원료의 수송과 변환 등에서 일어나는 손실이 적어 전체 에너지 수요도 줄일 수 있어.

국제에너지기구IEA는 물론 BP 같은 에너지 전문 기업들은
무탄소 발전의 주된 에너지원으로
'재생에너지'를 꼽고 있어.

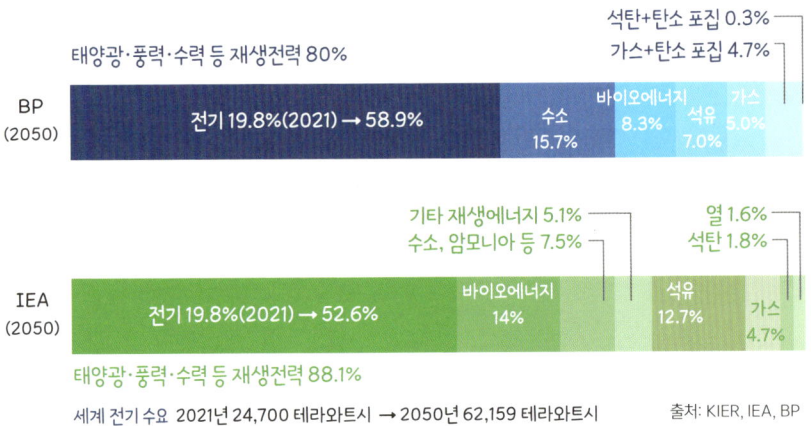

2050 탄소중립을 위한 최종 에너지 구성 전망

출처: KIER, IEA, BP

왜 원자력이 아니라 재생에너지냐고?
20% 남짓이던 전기 비중을 50% 이상으로 늘리면
전기 소비가 지금보다 2.5배 이상 늘어나게 되잖아.
많은 원전을 새로 짓더라도 수요를 충족하는 건 불가능하지.

예를 들어, 한국은 25기의 원자로로 30% 정도의 전력을 충당 중인데
설령 25기를 새로 더 지어 50기를 운영한다 해도
==필요한 전력량의 30%도 못 채우게 된다는 얘기==야.
게다가 원자력발전소 건설은 평균 10년 정도의 시간이 걸려.
그 오랜 시간동안 탄소를 지금처럼 배출하게 둘 순 없잖아?
사고 위험이나 폐기물 외에도 어려움이 많다는 뜻이야.

빌 게이츠는《기후 재앙을 피하는 법》이라는 책에서
태양광과 풍력처럼 이미 가진 수단을
최대한 빠르고 영리하게 적용해야 한다고 했어.
탄소중립을 위해서 ==가장 시급한 건 '재생에너지' 확대==라는 거야.

이미 태양광·풍력 발전은 무서운 속도로 늘고 있고
이를 중심에 둔 에너지 전환은 세계적인 추세야.
2020년, 유럽연합의 재생에너지 발전 비중은 38%로
37%인 화석연료 발전 비중을 처음으로 추월했지.
2019년부터는 세계 재생에너지가
원자력발전보다 더 많은 전력을 생산하기 시작했고,
2021년에는 태양광·풍력 발전이 원자력 전기 생산 비중을 넘어섰어.

2023년에는 세계 전력 생산에서 무탄소 발전 비중이 40%였지만, 2030년에는 태양광·풍력 발전이 40%가 될 것으로 전망해. 2050년에는 전기뿐 아니라 에너지 총수요의 40% 이상을 태양광·풍력이 감당하는 거야. 수력 등 다른 재생에너지까지 합치면 70%가 넘지.

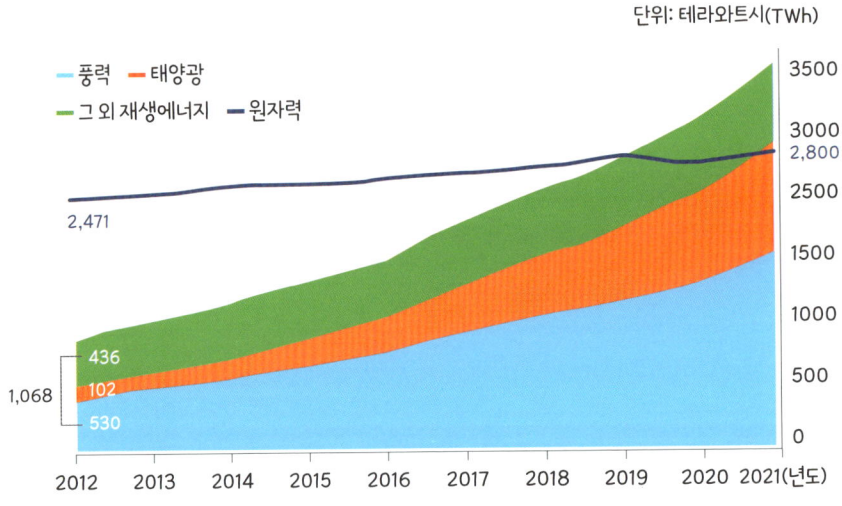

세계 원전과 재생에너지 발전량 변화

출처: 세계원자력산업현황보고서, 세계에너지통계리뷰(BP, 2022년)

재생에너지 가운데 가장 주목받는 건 태양광이야.
태양광 발전은 햇빛이 비치는 곳이라면 어디든 가능해.

가정에 설치해서 직접 필요한 전기를 만들어 쓸 수도 있고

큰 발전소를 지어 마을, 산업단지, 도시로 전기를 공급할 수도 있어.

태양광 발전 원리

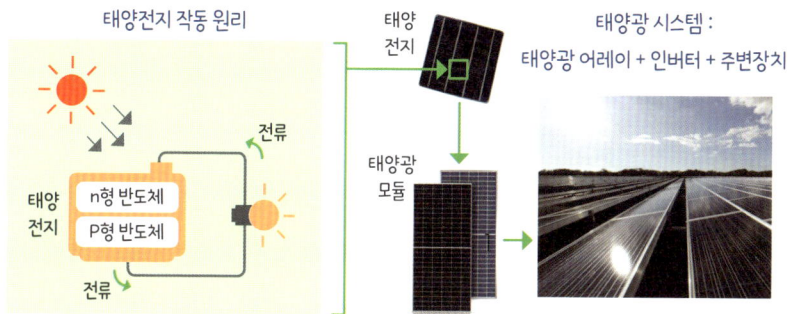

태양전지(태양광 셀)는 통상 빛을 잘 흡수하는 반도체 재료로 만들어. 빛을 비추면 전자가 튀어나오며 전류를 생성해. 이를 '광전효과'라고 해. 광전효과로 발생한 전류를 전기로 만드는 태양전지들을 연결하면 모듈(패널)이 돼. 모듈을 여러 개 연결한 어레이를 인버터와 연결해서 시스템을 만들어. 인버터는 셀이 만든 직류 전기를 우리가 주로 쓰는 교류 전기로 바꿔 줘. 직류 사용이 가능한 경우에는 인버터가 필요 없지. 시스템에 저장장치를 연결해 주면 햇빛이 없을 때도 전기를 쓸 수 있어.

사진 출처: 한화솔루션

태양광 기술은 급속히 발전해 왔어.

태양전지의 효율은 지난 20여 년간 2배가 됐어.

같은 양의 발전에 필요한 면적이 반으로 줄었다는 얘기지.

또 태양광 모듈 앞뒤 **양면을 모두 이용해 발전**하거나

농사에 활용하여 농작물과 전기 생산을 동시에 할 수도 있어.

여름철의 지면 온도 상승이나 수분 증발을 억제해서
식물 생장에 유리한 환경을 만들어 주기도 하지.

지금도 전 세계 초고효율 기술 경쟁이 치열한데
기술의 진보는 비용도 절감시켰어.
태양광 모듈 가격은 설치량 2배 증가마다 20%씩 내려가거든.
덕분에 전 세계 많은 지역에서 태양광은 육상 풍력과 함께
가장 값싼 에너지원이 됐어. 가장 깨끗하고 안전한 에너지원이
경제적으로도 이익이 되는 단계에 온 거야.
2023년에 태양광 발전만으로
필요한 전기를 10% 이상 만들어 쓴 나라가 30개국이나 된대.

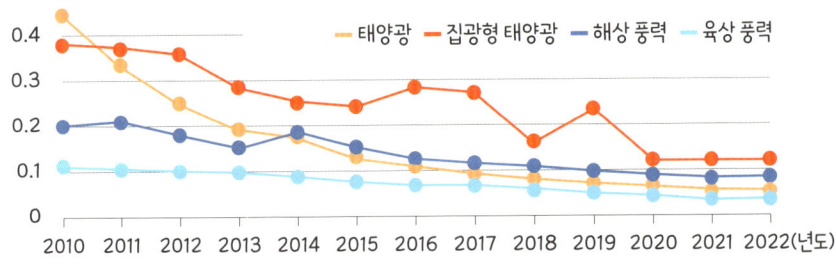

태양광과 풍력을 이용한 발전 비용 변화
단위: 킬로와트시 당 미국 달러(USD/kWh)

출처: 국제재생에너지기구(IRENA, 2023년)

다양한 장소에 설치하여 전기를 생산하는 태양광

1	2
3	4
5	6
7	8

1. KCC중앙연구소 종합연구동 도시형 태양광발전소 ⓒKCC
2. 한국수력원자력 청림원 지붕에 설치한 경량 유연 박막 태양광 모듈 ⓒ솔란드
3-4. 한국에너지기술연구원 건물 벽면에 설치한 컬러 및 백색 태양광 모듈 ⓒKIER
5. 충북 음성공장에 설치한 양면태양광 솔루션 적용 방음터널 ⓒHD현대에너지솔루션
6. 합천댐 수상 태양광 ⓒ한국수자원공사
7-8. 농작물과 전기를 동시에 생산하는 남해 관당마을 영농형 태양광 발전소
ⓒ한화솔루션

태양광 발전 다음으로 비중을 차지하는 재생에너지는 풍력이야.

32개국이 2023년에 풍력 발전만으로 10% 이상의 전기를 얻었어.

풍력 발전은 설치 면적이 상대적으로 적어.

해상 풍력은 땅도 필요 없지.

바람만 있으면 계절이나 날씨 변화의 영향도 적고

설치 위치에 따라 대규모 전력 생산이 가능해.

풍력 발전 원리

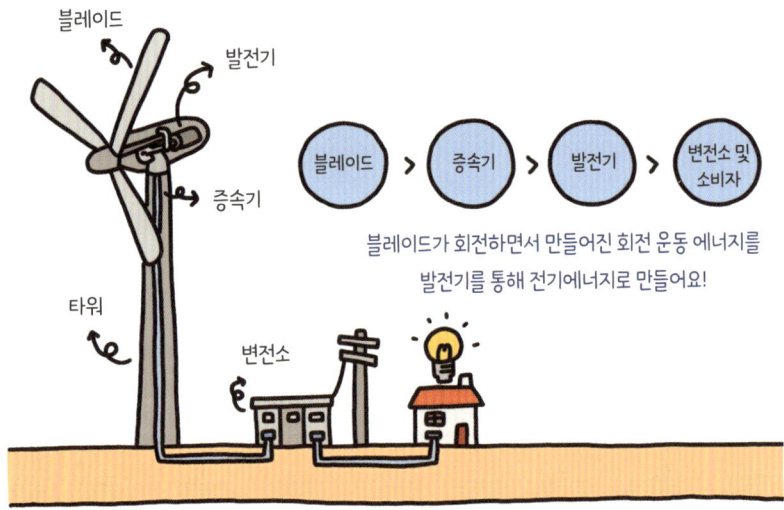

바람이 불면 풍력발전기의 블레이드가 바람을 받아 회전하면서 운동에너지를 만들어. 증속기가 기어를 이용해서 회전 운동에너지를 증폭해. 커진 회전 운동에너지는 본체인 나셀 안에 있는 터빈을 돌려서 전기를 만들어 내. 이렇게 만들어진 전기에너지는 변전소를 거쳐서 소비자에게 보내져.

출처: KEA

풍력 발전 역시 기술 발전으로

전기 생산 효율과 경제성이 크게 좋아졌어.

바다에서는 평균적으로 육지보다 더 강한 바람이 불고,

장애물이 적어서 해상 풍력이 특히 주목받고 있어.

먼 바다로 갈수록 이용률은 높아져.

대형 해상 풍력 단지는

전력이 많이 필요한 대도시나 산업 단지 등에 특히 유용해.

풍력 발전기가 커질수록

단지를 조성할 때 발전 단가도 크게 낮아지지.

해상 풍력 발전기는

날개인 블레이드와 엔진에 해당하는 터빈,

타워와 하부 구조물이 기본 구성이야.

본체를 고정하지 않고 바다 위에 띄우는 부유식 해상 풍력은

타워와 하부 구조물 대신 부유체와 해저구조물이 필요해.

소재, 부품, 기계, 전기, 설비, 건설, 선박 기술까지 총망라해야

해상 풍력 발전기를 만들 수 있지.

대형 풍력 단지 조성에는

유통·물류, 운영·유지 보수 기술까지 필요해.

태양광, 풍력 발전 기술뿐 아니라

==에너지 저장 기술==도 성능이 좋아지고 값도 싸졌어.

2020년, 태양광과 풍력 발전 비용을 2010년과 비교해 보면

각각 85%, 55% 싸졌대.

배터리 비용도 같은 기간 동안 85% 하락했다고 해.

배터리뿐만 아니라 양수발전 시스템처럼

==에너지를 많이 오래 저장했다가==

==필요할 때 쓸 수 있는 기술을 활용==하면

밤이나 비 오는 날에도 태양광 발전으로 만든 전기를 쓸 수 있어.

바람이 없어도 풍력 발전으로 만든 전기를 이용할 수 있고.

남는 전기로 수소를 만들어서 전기 사용이 어려운 산업공정이나

수송에 쓰면 더 효율적이겠지?

여기에 필요한 기술이나 저장·활용 기술도

열심히 개발 중이야.

에너지를 저장한다는 건, 남은 에너지를 저장했다가 필요할 때 쓴다는 거네. 그럼 남거나 부족한 걸 미리 예측할 수 있으면 에너지를 더 효율적으로 사용할 수 있는 거 아냐?

맞아! 그래서 빅데이터, 인공지능, 사물인터넷,
정보통신, 위성기술들을 이용해.
자연이 주는 자원 정보를 실시간에 가깝게 예측하고
소비패턴까지 분석해서 공급과 수요의 균형을 맞춰 가는 거야.

예를 들어, 주택과 상가들이 모여 있는 도시를 만든다면,
단열기술로 냉·난방 에너지 사용량을 최소화하면서
재생에너지로 전기를 생산하는 건물들을 짓는 거야.
에너지 저장, 재생에너지 지원량 예측 분석, 빅데이터,
지능형 전력망 기술도 함께 활용해.
그러면 각 건물이 재생에너지로 전기를 만들고
서로 남거나 부족한 전기를 주고받아 넷제로 도시를 이루는 거야.
에너지와 디지털 기술을 결합해 에너지 공유 플랫폼을 만드는 거지.

햇빛이나 바람은 충분해.
기술도 이미 우리 앞에 와 있어.
필요한 건 체계적인 계획과 적극적 실천뿐이야.

Check it up 3 | 사회

기후위기와 에너지 전환이 바꿀 미래

재생에너지가 세상을 크게 바꿔 놓을 거야!

나무에서 화석연료로 에너지 전환이 일어난

산업혁명 때를 생각해 봐.

농업중심 사회가 공업중심으로 바뀌었어.

산업이 바뀌자 사람들의 직업도 농부에서 노동자로 바뀌었지.

사람들의 생활도 바뀌었어.

농업시대에는 해가 뜨면 일하고 해가 지면 잤지만

공업화한 사회에서는 전기가 있어 밤에도 일할 수 있게 됐어.

생활공간도 시골 마을이 아닌 도시로 바뀌었어.

밤에도 환한 도시 생활은 사람들의 사고방식도 변화시켰지.

우리도 <mark>지금 에너지 전환 시점</mark>에 살고 있어.

산업혁명 때처럼 큰 변화가 일어날 거야.

이미 내연기관 자동차나 석탄발전소가 퇴출 중이잖아?

또 재생에너지로 전기를 많이 생산하게 되면

석탄, 석유 등을 만드는 쉘, BP 같은

세계적 화석연료 생산 기업들의 입지는 줄어들겠지?

실제로 해외의 많은 정유회사들은 재생에너지에 투자 중이야.

덴마크 풍력 발전 산업의 대표주자인 오스테드 Orsted 도

예전엔 화석연료 기업이었어.

재정적 압박 때문에 재생에너지 기업으로 탈바꿈한 거야.

풍력 발전기 하부구조물을 만드는 네덜란드 회사 SiF는

선박업종에서 해상풍력 기업으로 전환했어.

에너지 전환에 능동적으로 적응해

살아남기 위한 기업들의 선택이지.

에너지 전환은 화석연료나 우라늄 고갈이 아니라,

첨단기술과 새로운 산업이 이끄는 거야.

<mark>산업의 변화는 당연히 일자리의 변화로</mark> 이어질 수밖에 없어.

석유나 석탄을 찾고 시추하고 채굴하는 일자리는 줄어들고
새로운 직업들이 늘어날 거야.
태양광 셀·모듈, 풍력 발전기, 에너지 저장 장치의 개발과 제작,
실시간 전력망 관리시스템, 디지털 데이터 솔루션,
폐배터리나 폐모듈의 재자원화 사업, 배터리기반 서비스 사업,
전력 거래 시장, 에너지 단지 설계나 운영 관련 일자리들!

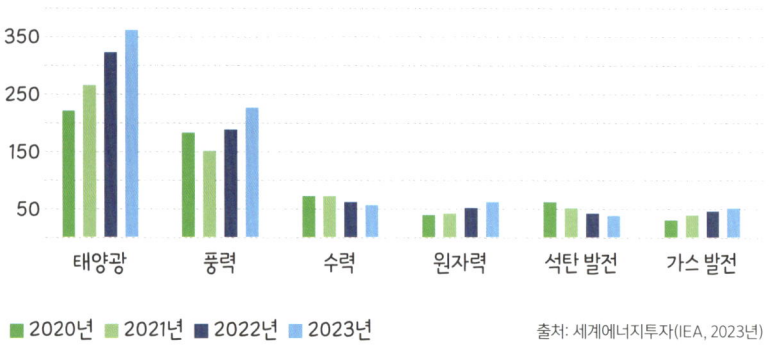

세계 에너지 기술 연간 투자 추이
단위: 10억 달러

출처: 세계에너지투자(IEA, 2023년)

우리가 사는 공간도 변할 거야.

==탄소를 배출하지 않는 넷제로 도시==를 만들려고 하잖아?

낮에 텅 빈 우리 집이

옆 상가건물에 전력을 공급하는 발전소로 변신하는 거야.

스스로 쓸 에너지를 생산하고 남는 건 필요한 사람에게 파는 거지.

태양광 패널로 덮인 전기차로 출근을 한다면

낮 시간 주차 중에 전기를 만들어 필요한 곳에 공급도 가능해.

내가 소비자이자 생산자가 되는 거야. 이를 '==프로슈머=='라고 해.

부산 에코델타시티EDC '스마트빌리지' 전경

스마트빌리지는 부산 스마트시티 국가시범도시에 구현할 약 40여 개의 혁신 기술을 우선 적용한 리빙랩형 실증 단지야. 미래 생활과 새로운 기술을 미리 만나 볼 54세대 입주자를 공모했어. 시민 거주 체험 및 피드백으로 기술을 보완하고, 실증 기술을 확산하는 게 목적이야.

출처: KIER

에너지의 전환은 우리의 사고방식 역시 바꾸고 있어.

대표적인 게 소비에 대한 생각이지.

에너지 사용량이 많은 시간에는 비싼 가격에,

적은 시간에는 저렴한 가격에 전력을 공급하는 나라들이 있어.

예를 들면, 스웨덴 사람들은 휴대전화 앱으로

실시간 요금을 검토하며 전기를 쓴대.

전기료가 저렴할 때 세탁기를 사용한다던가 하는 식으로 말이야.

나라별로 다양한 형태로 전력거래가 이루어지고 값이 매겨지지만

우리는 합리적으로 전기를 쓰고 있는지,

또 합당한 전기요금을 내고 있는지

이 기회에 한번 생각해 보면 좋겠어.

화석에너지를 <mark>재생에너지로 대체하는 에너지 전환</mark>은

기후위기에서 인류를 구하고 지구를 살맛 나게 할 유일한 방법이야.

더불어 우리가 사는 사회와

그 사회 구성원인

우리의 사고방식을 바꾸는

<mark>터닝포인트</mark>이기도 한 거야.

Another Round

우리는 Next Level!

이 책을 보고 기후위기와 에너지에 대해 어떤 시각을 갖게 됐는지 그래픽 오거나이저 Graphic Organizer로 표현해 보자!

각 에너지를 떠올렸을 때 생각나는 단어를 써 봐.

태양광이나 풍력을 이용한 발전 시설을 곳곳에서 볼 수 있어. 어디서 보았는지 말해 봐. 그리고 어떤 곳에 발전 시설을 세우면 좋을지 생각해 보자.

내가 본 태양광이나 풍력 발전 시설	이런 곳에 세우면 좋을 것 같아요!

에너지를 아껴 쓸 수 있는 방법을 세 개만 말해 봐.

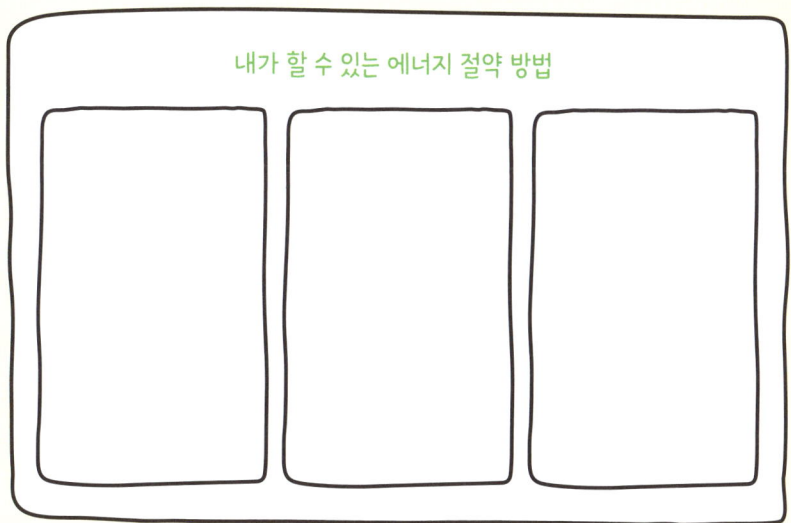

내가 할 수 있는 에너지 절약 방법

글 곽지혜·최향숙 **그림** 젠틀멜로우

초판 1쇄 펴낸 날 2024년 10월 11일
기획 CASA LIBRO **편집장** 한해숙 **편집** 신경아 **디자인** 최성수, 이이환
마케팅 박영준, 한지훈 **홍보** 정보영 **경영지원** 김효순
펴낸이 조은희 **펴낸곳** ㈜한솔수북 **출판등록** 제2013-000276호
주소 03996 서울시 마포구 월드컵로 96 영훈빌딩 5층
전화 02-2001-5822(편집), 02-2001-5828(영업) **전송** 02-2060-0108
전자우편 isoobook@eduhansol.co.kr **블로그** blog.naver.com/hsoobook
인스타그램 soobook2 **페이스북** soobook2
ISBN 979-11-93494-80-6, 979-11-93494-29-5(세트)

어린이제품안전특별법에 의한 제품 표시
품명 도서 | 사용연령 만 7세 이상 | 제조국 대한민국 | 제조사명 ㈜한솔수북 | 제조년월 2024년 10월

ⓒ 2024 곽지혜·최향숙·젠틀멜로우·CASA LIBRO

* 저작권법으로 보호받는 저작물이므로 저작권자의 서면 동의 없이
  다른 곳에 옮겨 싣거나 베껴 쓸 수 없으며 전산장치에 저장할 수 없습니다.
* 값은 뒤표지에 있습니다.

큐알 코드를 찍어서
독자 참여 신청을 하시면
선물을 보내 드립니다.

한솔수북의 모든 책은
아이의 눈, 엄마의 마음으로 만듭니다.

야무진 10대를 위한 미래 가이드
넥스트 레벨은 계속됩니다.

❶ 인공지능
조성배·최향숙 지음

❷ 메타버스
원종우·최향숙 지음

❸ 우주 탐사
이정모·최향숙 지음

❹ 자율 주행
서승우·최향숙 지음

❺ 로봇
한재권·최향숙 지음

❻ 기후위기와 에너지
곽지혜·최향숙 지음

❼ 팬데믹과 백신 전쟁
김응빈·최향숙 지음

❽ 생명공학 (근간)
김무웅·최향숙 지음

❾ 뇌과학 (근간)
홍석준·최향숙 지음

❿ 과학 혁명 (근간)